小学教育的理论与实践创新

李学锋　殷玉萍　编著

北　京
冶 金 工 业 出 版 社
2019

内容提要

本书共6章，分别介绍了小学教育的理论基础、教育三大规律、小学教育课程的创新方法及小学教育的学习创新、实践创新等内容。在智能体物理学的基础上论述分析教育哲学、教育物理学、教育原理以及教育规律，使教育理论由行为科学转化为理论科学。

本书可供教育工作者及师范类师生阅读参考。

图书在版编目(CIP)数据

小学教育的理论与实践创新/李学锋，殷玉萍编著．—北京：冶金工业出版社，2019.5

ISBN 978-7-5024-8077-6

Ⅰ.①小…　Ⅱ.①李…　②殷…　Ⅲ.①小学教育—教学研究　Ⅳ.①G622.0

中国版本图书馆CIP数据核字(2019)第064686号

出 版 人　谭学余

地　　址　北京市东城区嵩祝院北巷39号　邮编　100009　电话　(010)64027926

网　　址　www.cnmip.com.cn　电子信箱　yjcbs@cnmip.com.cn

责任编辑　曾　媛　美术编辑　彭子赫　版式设计　孙跃红

责任校对　李　娜　责任印制　李玉山

ISBN 978-7-5024-8077-6

冶金工业出版社出版发行；各地新华书店经销；固安华明印业有限公司印刷

2019年5月第1版，2019年5月第1次印刷

169mm×239mm；9.5印张；186千字；146页

49.00元

冶金工业出版社　投稿电话　(010)64027932　投稿信箱　tougao@cnmip.com.cn

冶金工业出版社营销中心　电话　(010)64044283　传真　(010)64027893

冶金工业出版社天猫旗舰店　yjgycbs.tmall.com

前　言

小学生正处在人生发展的关键敏感期，思维活跃，充满好奇，喜欢提很多问题。有些问题跟小学专任教师所教科目不一定有必然联系，但教师在小学生心中是知识文化的象征，而且小学生有强烈的“向师性”，以教师为模范，因此，小学教师不但要具备广博的知识储备，其一言一行更是对小学生成长过程有重要影响。

教育是一项开发智能培育人才的工作，长期以来，教师在践行教育，同时也在探寻教育的工作理论。当前的教育理论是在教育行为实践中总结出来的，属于行为教育理论，教育实践需要科学的教育理论来指导。本书在智能体物理学的基础上探讨教育哲学、教育物理学、教育原理、教育规律，是禅悟智能认知理论在教育上的应用，让教育理论由行为科学转化为理论科学。

研究教育通常从两方面进行，一是研究教育现象，二是对教育经验进行理论总结，这使得教育理论具有表征性和局限性。本书采用禅悟明心见性的认知方式，透过教育的表象看到教育的本质，科学系统地总结教育理论。

本书共有6章，分别从小学教育的方向方法、教育的三大规律及应用、小学教育课程创新、小学教育学习方式创新、小学教育智慧化创新、小学教学学科实践创新等方面论述了当前我国小学教育理论，形成了一个整体。全书内容前后统一、论述循序渐进，可作为教育工作者及师范类师生参考借鉴之用。

本书由牡丹江师范学院李学锋、殷玉萍共同完成，在编写过程中参考借鉴了大量的专家学者著作资料，限于篇幅未能一一致谢，在此谨表谢意。

书中疏漏之处在所难免，还请读者不吝指正。

作 者

2019 年 2 月

目　录

第一章　小学教育的理论

第一节　教育科学理论方向

随着国家对教育发展的重视，教育学界不断衍生出多种与教学相关的思想理论，并从中创造了大量的教学方法，但是众多的教育理论为何而来？这是由于在当前的教育发展中，多是以行为教育为主，多数的教育理论是通过行为教育在不断的实践与完善中衍生而出，被称为行为教育理论。通过教师在教育中所得的经验总结而来的理论被称为行为教育理论，在实际运用中具有明显的局限性。每位教师之间对行为教育的理解各不相同，因此在行为教育理论的建立中所形成的也是属于其所特有并行之有效的教学方法与教育理论。多数教师在教育的过程中所形成的教学方式以及对教学的实际理解不同，最终所得的教学经验与教学感悟也是千变万化的，因此在教师交流中，教育是永恒不变的探讨内容。

科学教育理论的构建，需要以科学的教育理论为基础，对多种教育思想展开全局把控并对教育行为采取指导是极为重要的。大多数的教师在理解到了教育理论具有较强的多样性的同时，会将自己所属的行为教育理论定义为独有的科学理论。部分教师通过将教育概念进行对比分析并为自己的教育理论寻找依据，例如，通过对传统课堂教学中的落后性和无效性与现代课堂教学中的有效性相对比，实际论证自己理论的科学性、有效性；另有部分教师共同创建相同的教学模式，将实践成功的教学模式定义为科学教育理论。但是各种行为教育理论具有一定的局限性，在实际应用中无法得到有效的推广与普及。因此，仅凭教学经验与教育方法的总结无法产生科学有效的教育理论。

行为教育在实践中的行动方向是以“好教育”的建立为目标，对教育“好”的保障是行为教育发展的不断推动力。为确保“好教育”的建立，“好学校”与“好课堂”等形式层出不穷，以及“好教师”和“好学生”的产生都是为了完成“好人才”的培育目标，达到实际的教育目标；“好教育”的建立过程中会遇到多种问题，将问题进行解决并将其中所存在的矛盾进行纠正，是以问题为导向办教育的方式。缺少科学教育理论作为行为教育的指导，则会导致在教育的实践活动中出现难以适应教育实践的教育理论以及不适合的教育行为出现，导致教育失败事故，由此可见，在行为教育的过程中，科学教育理论作为其实践指导是十分必要的。

教师的发展需要两种必备武器：其一，对教育专业知识的掌握；其二，对相关教育技能的掌握。教师在教育理论的成形过程中总会寻求各种各样的理论作为行为支撑，在教师的教育行为实践过程中，教育理论尤其必要。在客观唯心主义理论中有一句哲言：存在即合理。在教育中则是“有效必合理”，各种行之有效的教育方法必有其实际存在的合理性。就像传统教育在实践中必有其存在的合理性，但是随着时代的发展需求，传统教育需要进行一定的改变以适应变化，教师则需要在教学中明白教育的“理”在哪里，确定其改革与发展的方向。

在行为教育的树立中，“好教育”的建立与“好学校”“好课堂”的形成是为了促进“好教师”“好学生”的教育目标完成，但是在不断的实践过程中极易发生偏差导致出现教育失误的情况，而问题的产生过于多样，需要对其进行实际的教育情况分析。

对“好学校”的极力追求导致在教育中形成了学校等级划分的情况，知识教育水平与教育资源不均衡的问题。教育的不均衡主要是由于以下情况所造成：

（1）教育学界内部的竞争，造成教学水平存在差异，出现良性发展态势，好学校会越来越好，差学校会越变越差，最后优劣差异明显。

（2）家长与家长、学生与学生、教师与教师之间的竞争，使得好学生流入优质学校，进一步推动了教育不均衡局面的形成。

（3）教育体制是教育不均衡情况产生的基础条件，在当前的教育学府建立中，大量的省重点、市重点、区重点学校决定了教育场所的金字塔式层级结构，使得在教育体制下，教育优劣格局得到了充分的定位。

（4）考试是将学生根据智力水平进行差异划分，水平能力的等级划分使得优劣分层必然成形。

由于对“好学校”的追求导致了教育的不均衡，但是现在又需要解决教育不均衡的问题，创造办学资源条件的均衡、教育管理水平的均衡、学生水平等级的均衡、师资教学力量的均衡等深入的教育工作。

对于“好课堂”与“好教法”的追求，促进了教育教学的丰富多样化，充实了教学经验与教学方法的理论支撑，对教师实行教学经验的组织与交流，但是他人经验在自身教学中不一定十分适用，因此教师需要根据自身经验与理论总结适合自己的教学方法。

知识的传授需要以课堂作为传输渠道，在课堂教学中教师与学生之间的交流互动怎样能够良好地促进与实现需要因人而异，根据情况采用不同的教学方法。在教学过程中每位教师都有属于自己所特有的教学风格与教学经验，且教师自身所形成的教学经验并不是具备通用性的教学理论。

在课堂组织形式教学影响下教师总结得出自己的教学模式。课堂的活动形式属于一种实相，教师所使用的教学形式不同，最终总结得出的课堂组织形式各不相同。课堂教学中师生的互动性原理不明，因此所得教学理论不具有普适性。

根据学生学习方式的不同总结得出具象的学习方法。学生在学习中所用的学习形式属于一种实相状态，通过学习方法作为教学主导所产生的课堂组织形式同样存在较大差异。但是由于在课堂教学中师生对知识转化所用原理不明，总结所得的教学理论同样不具有普适性。

在部分教师教学中有“好学校”“好课堂”的产生，通过对学生学习展开组织推广形成教育理论，但是教育方法只有适应性作为支撑，缺少一定的先进性，导致出现失败教育。

教科研活动是对教育教学规律的总结，能够对教育教学中所产生的效果加以提高。物质的实相属于有形，物质的本性属于无形，对于有形的东西十分容易看到，但是无形的东西极易被忽略。教育活动中，学校、教师、学生属于有形的实相，而知识的转化则属于无形的。

教科研则是通过有形对无形进行阐述。对教育的研究需要大量教育实质，才能够发现其发展规律并总结教育理论。教科研的研究主体是教师的“教”和学生的“学”，两者相结合形成了对本校学生特点的经验总结，并形成相关的教育教学规律，教科研活动需要具备能发现无形东西的能力，才能够对教与学的本质属性进行探索，将其中所蕴含的教育教学规律加以总结。

在当前教学发展中，教育科学属于行为科学，教师之间存在较大的个性差异，教学中所形成的教学经验以及教学方式的使用各不相同，对教育所得的感受不同，产生了多种多样的教育思想。

第二节　教育意识论

一、意识荷的物质属性及其运动变化规律

意识荷是与意识能量的物质主体相对应的一种智能物质，意识荷有两种存在形态：场性与非场性。意识荷中量值的变化规律，其运动变化受意念力作用而产生改变，意识势能所产生的差值具备一定的方向性，意识荷之间的灵感性通过加息与退息能够产生多息性的信息互动，意念力在负功作用下使得意识荷呈现凝聚状态，意念力在正功作用下使得意识荷呈现扩散状态，有息意识荷之间能够产生共鸣且具备同性同息，意识场可以借助方向性曲线加以描述，以及意识荷自身生命体温度与适存条件等。

（一）意识荷的产生

意识荷的本源是生命体，凡是可以展开智能活动的生命体都具备意识荷，意

识荷属于生命体内的一种智能物质，意识系统展开智能活动需要意识荷作为基础物质。

智能生命体中的生物能量受意识活动影响逐渐转化为意识能量，智能物质中与意识能量相对应的是意识荷，意识荷的变化活动的产生是因为人的意念力作用在不断影响，意念力做功的过程会产生意识能量。在意念力的作用下，人体能够产生能量，意识能量随之增加，意念力此时做负功；在意念力的作用下，人体消耗能量，意识能量随之减少，意念力此时做正功。

（二）意识荷是通过人体作为运转载体，意识荷具备两种存在形态：场性与非场性

当意识荷存在于人体中但没有场性分布情况时，则属于非场性的意识荷；当意识荷在人的意念活动下开始有场性分布，则属于场性意识荷。

人体中“体、意、气”三者相互依存。“体”是指人身肌体，是意识荷的产生载体；“意”是指人脑意念，是心意信息的指令；“气”是指意识荷中含有信息，具有一定意识能量的信息意识荷产生的场性物质。在人体内运动变化中的由息意识荷需要与人体体质的运动变化相符合，意识荷的运动变化需要在人体机能所允许的动态范围内。人体作为意识荷的运转载体，在较强的意念作用影响下，体内同样会产生极强的意识荷作用，而人体机能需要确保能够支撑此种极强场力下的影响作用。

（三）智能生命体中意识荷量值会产生变化

人体中生物能量会经过转化形成意识能量，意识荷含量会随着人体中意识能量的大小改变而产生变化。在同一智能生命体中，意识荷量值会随着生命体征发生变化，当人体意识能量的精神与体质好，则意识荷的量值就会变大。在不同的智能生命体中，意识荷的量值则不同，智能水平同样不会相同，对于有些人而言很容易将意识荷转化成为意识场，智能水平则会随之增高；但是有部分则难以将意识荷转化为意识场，则其智能水平较低。意识荷会随着意念的方向发生改变，当意念保持、精力充沛则意识荷会随之增多；当意念散发、精神萎靡则意识荷会随之减少。

（四）在意念力的作用下智能生命体中意识荷会产生运动变化

意识荷运动变化的主要动力是由意念所产生，心动则意动，意动则气动，意念力发生任何指向都会对意识荷产生影响使其做出相应的定向运动。当意念在体外发散，则意识荷同样会向外扩散；当意念内收于体内，则意识荷会向意念方向聚集。

二、意识场的辐射

通过人体的意识场而形成的漫发射是对人体周围环境所形成的意识场辐射。当意识场的辐射向场外散发时则生命体中的意识能量在逐渐消耗。

意识荷发源于人体，通过人体传播、运转。意识荷存在于人体中，是人体所具备的载体属性，意识荷通过人体生物能而转化形成，是本源属性，意识荷能够通过人体并在其中发生流动状态，以及通过与体外意识场发生互联而形成闭合场线，是路径属性。人体意识势能增高到一定程度会形成意识场辐射，对周围产生影响。

人体的生物能在转化过程中会形成意识能量，人体中智能物质意识荷的含量是具有可变性的，与人的生命体质、精神面貌等存在一定的关联性；当意识荷含量较大的情况下，人本身精神状态会很好；反之，意识荷含量少的情况下，则人精神萎靡。

三、人体中意识场激发态的形成

人体中意识荷在发生运动变化时的推动力是意念力，人体中意识荷的含量与人体中意识能量的含量是等效的，意识荷含量会随着意念活动发生改变，意识活动的强化会使人体意识在一段时间内处于活跃，同时加强意识场，由此可见，意念活动不仅能够加强意识荷，同时还可以强化意识场。在专注的情况下会对人体意识场做激发，会提升人体中意识荷的含量。人体中含有意识荷，它在人体中的状态为非场性。

四、人体是意识信息的发生体与接受体

在人的意识荷作用下，人的思想活动会对心意信息产生影响，因此人体是意识信息的发生体；人能对意识场中的意识信息感知，并能对讲话人的心意信息准确领悟，人体是意识信息的接受体；意识信息通过人体发生交互。

五、意识场的叠加

多维度意识空间构成意识场，意识场在叠加过程中不仅有标量的叠加，还包括了矢量的合成，同时还要对维度属性进行考虑。与电场、磁场相比，意识场的叠加形式更加多元化。

标量叠加的状态下，意识场的量值会增大。矢量叠加的状态下，与矢量合成法则相符合。相同维度下的意识场产生叠加运动会出现共鸣。

意识场的强度具备大小与方向：意识场叠加下意识荷浓度随之增加，则场强同样增强。通常说人气多，则是指多人意识场在叠加的情况下使得意识场强度达

到一定的饱和状态。

意念力的大小与方向：在意识场强度增大的情况下，人对意识场中内念力感知会逐渐增强，使得人能够十分容易与场内情境相容，又因为场内的意识荷浓度过大，人的意念活动会受到智能物质的更多支持，由此会具有更多活力。

意识场维度：话题不同则维度不同，相同的话题所处维度相同，在公共场所中的人群之间，有大量不相同的话题存在，则所含有的维度较多。在课堂教学过程中，师生对于同一个话题展开教学活动，则处于同一个意识场维度中。在演讲、会议、团队比赛等大众活动中，由于所展开的话题相同，则其意识场维度相同。

六、以意识场论为依据所形成的课堂教学原理

从古至今，课堂教学目标是为了向学生传授知识，通过教材作为知识载体，教师作为学生与教材之间的沟通桥梁，帮助学生将知识进行转化。在意识场的多种作用下，课堂教学中知识转化得以实现，在物理介质、信息载体和智能物质等作用中达到了转化功能的有效实现，此类课堂教学原理的产生是以意识场论作为依据。

在课堂教学活动的开展中，以意识场作为物质传输的基础实现教师与学生之间的知识传递。此类课堂教学原理主要是以活动物质基础的意识场论作为产生依据。

人体中含有的意识荷会随人意识活动发生场性分布。在课堂教学过程中，教师教学语音信息的发出会随着意识场同步将心意信息发出，这是因为教师在课堂教学中该空间内形成了教学意识场。学生在听课的状态下对教师的语音信息加以领会的同时，心意信息同时会形成知识信息的意识场加以传递，此类课题教学原理是以意识生成基础的意识场论为依据。

以意识荷作为传播介质可以将意识信息实现心与心之间的传递，教师与学生两者意识场的共同叠加使得在课堂教学中出现同性同息的心意共鸣，此类课堂教学原理是以心意共鸣基础的意识场论作为产生依据。

教学活动通过功能转化的机理形成教学原理，在建立过程中需要以教育物理作为基础。

七、课堂意识场

在教学形式方面而言，教师在课堂中的教学活动就是通过教材将所学知识传授给学生，帮助学生掌握知识。在当前的社会发展中，多数人对于教师这项工作的认知停留在讲课、批改作业、教育学生等能够感受到的内容中，但是多数人对于教师与学生之间的心灵互动难以发现，导致课堂教学成为了教师固化的、程序

化的工作任务。这是因为意识场在教学中的应用没有被看到。

将教材中的知识转化成为学生自身的知识需要通过意识场作为介质达到知识传播的目的。通过教师意识活动，将教材知识转化为教师的意识信息，形成相对应的意识场，学生在听课的同时进行思考活动也形成相对应的意识场，以此作为传递介质，将教材知识在意识场中向学生传递，以此达到教材知识向学生知识的转化过程。

在课堂教学中所形成的意识场是教师与学生在心意信息传递中所产生的同性同息的共鸣性，在此种状态下的信息传递效果最优。

充足的体能是确保教师良好上课状态的重要条件。除了丰富的教学知识，相对应的教学文化之外，教师还应该具备充足的体能作为教学消耗的支撑。在课堂教学活动中，教师良好状态的保持是对个人生命的负责，更是对职业本身的负责。

在课堂教学过程中，通过意识场的建立能够促进课堂教学活动的有效开展。意念力的作用下意识荷做空间分布从而形成意识场。在意识活动持续不断的作用影响下，意识场会不断地呈现强化状态且作用长时间持续。意识活动、意念力、意识信息等具有一定的多变性，在多变性的影响作用下意识场的场向出现无序。在课堂的教学活动中，教师授课的意识方向明确，且在过程中受意念力影响作用使得场向同步发生作用，对目标的意识场具有明确的指向性。

在意识场的势差作用下对课堂教学进行组织建立。在课堂教学活动中，教师所建立的课堂意识场具有较强的持续性、稳定性且维度单一性，对课堂势差方向产生稳定作用，在势差大、作用力强的影响下，意识场中的学生在场力的持续作用下，能够使意识荷发生定向活动，使得学生在无形中出现专心听课的状态。

第三节　课堂教学原理与目标

对教育理论的研究，需要确立教育客体的中心环节重要性，将教育客体作为一个理论主体，以教育主体为依据，对其内部所含要素关系展开深入分解并得出不同的教育概念，并对每一个教育概念给予明确的内容定义，同时根据定义将教育概念之间的逻辑关系正确建立相关架构，组成建立教育理论结构，从而形成配套的教育理论体系。

一、教育概念

每一个教育概念都具备相对应的教育学知识点，将每一个教育学的知识点条理进行梳理并构建，则会形成教育学理论体系。以下是对几个重要的教育概念加以详细说明。

教育理念：在当前的多数学校运行中，都自称具备了十分先进的办学理念，教育理念属于一种概念性的教育理论，对学校的长远教育目标加以明确，但是在过程中缺少教学理论与教学方法作为目标指引。理念的本身含义就是对远期目标指向的概念。教育理念的提出是因为存在不明确教育理论方法的使用以及对教育理论掌握不足等情况的思想表现。教育目标由国家所确立，教育原理、教育规律是客观存在的，在课堂教学活动中，教师应该将教育目标贯彻到底，时刻随着教育原理的指引，遵守教育规律。在中小学的教育过程中，学校对教育的实施应该时刻以国家教育目标为发展依据，将国家教育目标与教育理念相融合在教学中贯彻到底，以教育原理与教育规律作为理论的指导基础。

教育目标：随着教育的发展，多数学校提出了独具自身特色的办学目标，创办特色学校，但教育目标需要由国家制定，学校教学目标需要与国家教育目标相符合。国家教育目标的贯彻落实是需要通过教学教材作为载体，教师在教学过程中需要做的是将国家教育方针贯彻执行，将国家教育目标在教学中充分落实，为国家培育综合性的高素质人才。多数学校在发展中提出教育创新、全人教育以及在新世纪中实施“新人”教育等多种特色的教育目标等。

教育规律：教育客体在运动变化中所形成的规律称为教育规律。教育规律一般在教育客体出现一定的规律性运动的情况下显现。教育客体不同则在教育活动中需要遵守的教育规律各不相同，学校的教育客体在开展运动的过程中需要与学生成长规律相符合，学年中教学客体运动的开展需要与学生认知规律相符合，课堂活动中教学客体运动的开展需要与课堂教学规律相符合。

教育原则：在依据教育原理与教育规律的情况下，明确教育目标，根据教学活动的开展明确方向，提出相关的指导性理论。教育原则是对教育方法进行指导的理论，但是缺少具体性，其为了对教育目标的方向加以保持而不会产生改变。教育原则属于不具有具体性的教育方法论，故其只能作为方法指导论对教育活动进行指导。

教育原理：教育活动的功能原理称为教育原理，是教育客体在教育功能活动完成中其自身内部要素所产生的物理原理。

教育模式：将教学方法论模式化所得的即为教育模式。将教学方法论加以模式化是为了更好地促进教育活动的普及与推广，但是在教学中，教育活动不能只存在于形拟，更需要具备一定的神拟，在教学活动中教育模式的学习注重形拟而忽略神拟的情况下，教学活动难以成功。

教育主体：教育主体是指在教育活动中有意识地认识和作用于客体的人。与“教育客体”相对。一般指教育者而言，即教育实践活动的组织者和实施者。教育理论界对教育主体的认识有下述观点：指教育者，主要是教师。教育者有目的、有计划地对受教育者施教，以自身的活动与影响引起和促进受教育者的身心发展，教师在教育活动中发挥主导作用。教育中的主客关系，在一定条件下可以相互转化，比如老师。

教育客体：教育活动中所产生的人文性是确实存在的。当教育活动中产生了客体，则教师才可以展开知识有效互动，教育规律会在教育客体的活动中显示。

教学方法：在教学活动开展中所使用的工作方法称为教学方法，教学方法在教学活动中需要与教学原理和教育规律相符合。

教学艺术：师生在共同参与教学活动中，自身所产生的对活动的感受称为教学艺术。在教学的过程中，教师不仅能够将知识充分传达给学生，并且能够在此过程中使学生感受到美，并产生身心享受的状态，是教学中的艺术境界。

特色办学：办学特色是指在教学中拥有学校的自身与众不同的地方。但是教学中学校的办学目的应该是相同的，至少在义务教育普及的学校中办学特色基本相同，由于在特色办学的开展中办学目标是无法改变的，对于特色办学的过度追求会使得师生的学习精力大部分转移到特色办学中，导致在实际教学中很容易与正确的办学方向发生偏差。正确的特色办学应该是将学校客体中所具备的个性化优点扩大展示为大众所知的特色文化，与此同时在办学活动中贯彻落实国家教育目标。

二、课堂教学目标

教育作为一种人文活动，在开展过程中总是有的放矢的。教育活动的成因、指引以及教育活动的重点都是为了教育目标的实现。教育总目标一直是以培养综合性高素质人才为主，学校各学年中的教学目标是帮助学生充分掌握学会学年中所涉及的教材知识，课堂活动的教学目标是对学年教材所分解而成的课堂知识点全部学会与掌握。对课堂教学知识的学会与掌握是课堂活动教学目标的完成，是课堂教学任务的完成。

（一）社会对人才知识技能的要求决定了教学目标

社会劳动工种各式各样，对人才的需求同样各不相同，对知识技能的掌握要求也存在一定的差异。但是人才培养的教育目标是有社会发展所决定的。在教育人才的培养活动中，需要通过加强学生对传授知识的掌握以及实际应用能力所决定，因此在教育活动中，教学目标的设立实际上是对人才培育目标的树立，教学目标的设立需要服务与人才培育目标，社会对人才的需求决定了教育活动中教学目标的实际设立。

由于社会发展需要人才作为支撑，则教学活动是社会发展推动力中的必然因素。而教学活动属于一项人文事件，是从“无”中生“有”以此建立，社会对人才的需求决定了教学目标的创建内容，同样属于在“无”中生“有”的基础上建立。

随着科技的不断发展，在当前的生活中，对各种生活用品以及劳作工具的使用都是属于知识应用型的产品，缺少专业知识作为技术支撑，无法将生活用具与劳动工具的效用发挥最大化，人们为了正常的生活、正常的工作，需要掌握一定的专业知识作为实际需求的满足条件。教育目标的最基本要求是知识应用型人才的培养，确保其能够在日常生活中满足社会生产条件。不仅如此，随着时代的发展，创新应用人才的普及提高了社会的人才要求，人们的生活与生产需要更多的创新产品加以满足，以此推动社会的快速发展，因此需要大力培养创新型人才，在教育中加强对创新型人才的培养。从数学占比知识面而言，知识应用型的人才属于绝大部分的，而创新型人才则属于较小部分的，因此对知识应用型人才的培养应该属于普及教育，而对于创新型人才的培养则应该属于精英教育。在当前的中小学教育中，义务教育属于基础教育，没有划分人才属性的必要性，中小学教学目标的设立基本是对教材基础知识的掌握。

要素主义教育的建立是以人类的能力作为依据，触类旁通的能力是人类与生俱来的，学生在教学中通过基础知识的掌握，能够在此基础上拓展更多的知识应用。教材知识的学习是为了巩固基础，只有基础牢固才能够开展更多的知识延伸，在教学中需要确保教学目标对基础的重视，同时对普遍知识的应用，避免过于留存精华。教学目标的最基本要求是中小学生能够将教材知识全部掌握与学会。

在我国长久以来的教育活动中，为了确保教学目标的统一贯彻落实，中小学的教材使用是统一编制的，教学目标的检测是通过统一中考与高考的方式展开，国家教学目标的统一管理在全方位得以体现。对于教师而言，在教学中对于国家的学年教学目标只能贯彻落实，是无法更改的，但是在过程中对于教学目标的贯彻方式以及教学目标的有效践行，是可以变化的。因此，教师在教学过程中，对于贯彻与践行国家学年的教学目标，是可作为又无法作为的。

在教学活动的实践过程中，学年教学目标的达成需要通过将其分解成为课堂教学目标，从而逐步达到目的。在课堂教学活动中，教师教学活动的开展需要因人而异，在过程中应该时刻遵循教育原理所指导，遵守教育规律所执行，帮助学生充分地理解知识，学习知识课堂教学目标的制定需要与学生实际学习情况相结合，是教师在制定课堂教学目标中所具备的能动性。

在现阶段的社会发展中，继承、创新与发展是主体。在教育发展中，学年教学目标是不可改变的，在当前教学中，总会存在一些对教学目标进行挑战的教师，对统编教材进行改编，在教学中提出多种多样的教育思想，但是在实际的教学活动中很难实现。教师在教学过程中的主要精力应该集中放置在国家教学目标怎样能够更好地落实等方面。

（二）教学活动由教学目标所主导

社会发展形态影响了对人才知识技能的实际需求，同时决定了教学目标的设立，教学活动的开展是为了确保教学目标的有效实施，教学活动中的任务指向有教学目标作引导，教学目标的实现是教学任务的完成，因此教学目标在教学中对教学活动起到主导作用。

学生整体成长期有 12 年之久，培养学生成才是远期的完成目标，国家对学年教学目标的制定是通过阶段化对学生的成才加以检测，课堂教学目标的设立是将学年教学目标进行分解细化。教学活动是师生活动的过程，具有较强的目标性、组织性与计划性，教学活动的开展是以教学目标作为中心。教师授课之前需要对每堂课制定相对应的教学目标，并根据教学目标制定教学内容的涵盖、教学方法的使用以及教学活动的展开与教学目标的是否落实，确保在课堂教学中能够实现教学目标，完成课堂教学任务。教师的教学工作是需要对每一堂课的教学目标加以设立，并在课堂教学中将教学目标贯彻落实，确保教学任务的完成度。课堂教学目标的制定、组织、实施以及评判都是由教师所掌控与完成的。

教师对学生学习情况的掌控需要以学年的教学目标和学生知识水平为基础，以确保对学生知识掌握成长情况以及课堂知识饱和量有所掌握，对课堂教学内容加以选择，制定更为明确的课堂教学目标。

（三）课堂教学客体产生于课堂教学活动

课堂教学客体属于有机整体形式，从教师与学生在课堂教学活动中所产生，伴随着课堂教学活动的展开课堂教学客体客观存在，同时会随着课堂教学活动的结束而消失，在课堂教学活动展开的过程中课堂教学客体顺应而生。

课堂教学客体不代表所有的课堂教学活动，只有在课堂教学活动中师生之间产生了活动结合形成有机整体才会产生课堂教学客体。课堂教学客体是由课堂教学活动所产生的一种互动有机整体，当教、学两者分离的情况下，单向性的课堂活动不属于课堂教学活动，更不会产生课堂教学客体，通过教师与学生的双重结合在互动活动中产生的课堂教学活动事件称为课堂教学客体。

课堂教学所包含的多种内容都需要通过课堂教学客体进行展现，如教学组织形式、教学活动本身的功能属性、教学活动的形成原理以及教学活动效果等，对教学理论的研究需要注重课堂教学客体，在教学活动中课堂教学客体是极为重要的概念理论。

教师的教育、学生的学在教学活动中所形成的互动形式被称作课堂教学客体，是在课堂教学活动中产生的，无论是教师对课堂教学目标的制定、教学内容的设计确定，还是教学方法的使用等，都是具有一定的目标性、组织性与计划性的师生课堂教学活动组织形式。

课堂教学客体的功能属性是知识转化的过程，在课堂教学活动中，教师通过课堂教学授予学生知识，通过意识场为传播介质实现师生之间的知识转化。从形式上看，课堂教学客体是教师在释放自身的知识，学生吸纳外界的知识活动，从内涵上看，是知识信息通过意识场作为传播介质产生互动的活动，将知识传播以及知识的转化作为教学目标的活动，是教师与学生心灵互动的整体过程。

课堂教学客体产生的运动与课堂教学规律相符合。教育规律不属于教育客体的功能属性，教育规律的显现需要以教育客体运动为主体。

课堂教学客体活动效果是否完成取决于学生是否掌握了知识，课堂教学目标是否完成。课堂教学活动是以教师作为传播桥梁，将教材知识转化成为学生自身知识的过程，教学活动的开展会生成教学客体，教学活动的结束会消除教学客体，但学生知识掌握是客观存在的事实，是由教学客体知识转化得来的教学效果。伴随教学客体在生成与消失的过程中，教师与学生之间知识的转化量值会不断增大，期间学年教学总目标会逐渐完成。

（四）社会发展对人才的要求变化推进课程改革

教学目标的确立由人才培养要求所决定，教学活动由教学目标所主导，教学目标需要通过教材内容所展现，反过来，对人才培养的改革影响了对教学目标的改革，从而转化为对课堂教学教材的改革。

人才培养的要求随着社会发展而产生变化，主要体现在：（1）专业知识的延伸和新学识的出现造就了社会对专业人才的需要；（2）科技的发展创新转化为生产产品或劳作工具造就了社会对技术型人才的需要；（3）知识技能的创新造就了社会对创新型人才的需要；（4）产品智能化的发展造就了社会对智能型人才的需要。

社会人才的培养不仅需要掌握知识，更需要能够熟练运用知识，对人才实际能力水平的重视度越来越高，人的能力水平的发展与提高是以知识学习与应用而生成的，对课程变革的推动是促进对教材知识的变革，帮助学生更好的学习知识、掌握知识、强化能力水平，顺应社会发展的人才需求。

中小学教育是基础教育部分，对教学目标的设立需要以知识全面发展与掌握为基础，通过学科知识全面的掌握以及课时教学的保障实现学生综合发展，基础知识的掌握需要以统一编制教材知识的学习作为保障基础。基础知识的掌握是知识拓展与能力提升的建立根基，基础知识的巩固学习，以知识的实际应用作为提升应用知识能力的辅助，将知识与学生实际相联系促进社会实践能力水平的提高，知识的掌握是应用知识能力提升的前提。

在当前教育中，有人认为学生的学习不只是为了知识，更是为了强化能力。这种将知识与能力分离的说法存在一定偏差。缺少知识应用的联系，无法有效提升学生能力，缺少基础知识的掌握难以达到知识拓展。

对课程的改革是为了强化学生在社会发展形势下对新知识的适应力，培养适合社会发展所需的知识人才，需要学生学习基础知识。

培养社会人才需要与社会发展需求相适应，对学年教学目标展开适当调整，适应课程教材改革的推动。课程教材的改革需要从以下方面展开：

（1）为学生提供系统全面的基础知识，确保学生对基础知识全面系统的学会。

（2）教材的编写应该更加符合学生好奇心理，激发学生学习兴趣。

（3）教材知识难易程度的设立应该与学生学习的能力水平相适应，确保大多数学生能够学会知识。

（4）突出应用知识在实际问题解决方面的能力，尤其是在推理演绎方面知识对问题的解决能力。

统编教材的改革，使教材更具知识性、趣味性与实用性，将教材转化为学年教学目标完成的载体。在教学活动中，想以课堂教学改革作为过渡，在此状态下实现人才目标的培养，这是不切合实际的。

第四节　教学方法

常用的教学方法是根据教师与学生在课堂教学活动中的形式所划分，方法的划分类别主要分为以下几种。

一、讲授法

教师在课堂教学活动中以口头语言的传播为主，向学生授予知识的方法称为讲授法。讲授法又分为讲述法、讲解法、讲读法与讲演法。教师在教学活动中所使用的所有教学方法都需要以讲授法作为辅助，这种教学方法的组合是我国当前最常用的。

二、谈论法

谈论法也称为问答法。教师根据课堂教学要求向学生提出问题，学生予以回答，同时借助问答形式对学生知识的掌握与获取展开引导。在教学活动中，谈论法的使用有利于对学生思维的激发，学习积极性的调动，加强对学生独立思考与语言表达能力的培养。中小学教育中，低年级学生更适用于谈论法。

谈论法可分为两种形式，复习谈话和启发谈话。复习谈话是在学生掌握一定知识基础之上向学生提出问题，通过师生之间的问答形式帮助学生加深对已掌握知识的复习。启发谈话是对学生进行新知识的引导，指引他们深入知识问题的思考与新知识的获取。

三、演示法

在课堂教学中演示教学法同时需要借助一定的教学道具，教师在课堂将与知识相联系的实物或教学道具向学生展示，或者是通过实验观察所得知识结论为学生传授知识。

演示教学在教学活动中的使用能够帮助学生获取更为直观生动的知识，深化学生的记忆，将教材中的理论知识与实际事物相联系，形成更为深刻具体的概念知识；具象而生动的教学材料能够激发学生的学习兴趣，吸引学生注意力，有利于学生对知识的充分理解、记忆的加深以及对知识的巩固掌握；通过实际的观察与思考帮助学生开发思维，提高观察力与想象力。

四、练习法

练习法主要是以学生作为课堂教学活动主体展开，学生在教师的辅助下，通过自身自控性与自律性对教师所指定的活动开展反复的实验直到完成，在过程中形成自身掌握学会的知识技能与学习技巧或一定的良好的行为习惯的教学方法。从生理机制而言，学生的神经系统在不断的练习中形成了一定的动力定型，能够确保某种活动的顺利展开与完成。在各科教学中练习法的应用十分广泛，特别是在工具性学科的教学中，或者是在技能性学科的教学活动中。联系法的使用能够加强对知识的巩固，对学生形成一定的引导，使其在实际应用中提高能力水平，促进学生能力的发展且在学生道德品质等德育教学方面起到了极为重要的作用。

五、读书指导法

读书指导法是借助教材工具书作为教学辅助，实现知识巩固与新知识获取的教学方法。学生对教材知识的掌握不仅依靠于教师知识的讲授，更需要自身对知识的获取与掌握，通过教材工具书的阅读、领会提高对知识的掌握，以自身能力作为强化渠道，提高自学水平，培养良好的阅读习惯。

六、课堂讨论法

课堂讨论法是教师与学生之间的相互交流，针对教材中的基础理论或主要疑难问题展开深入思考与讨论，通过教师的指导，以讨论与辩论的形式在全班展开深入理解。

七、实验法

实验法是以学生自身动手实践为主，在教师的指导下通过设备与材料的辅助对操作过程加以控制，使试验对象发生某些变化，根据对现象变化的观察获取新知识或对已掌握的知识进行验证的教学方法。实验法主要在物理和化学等学科中的使用较为频繁。通常情况下，实验的开展大多是在实验室、生物或农业实验园地，个别实验可以在教师中展开。实验法是随着近代自然科学壮大而发展的，随着现代科技与实验手段的迅猛发展，实验法在教学中的作用更为重要。在实验法的使用中，学生能够将实验知识与书本知识直观结合，获取更为全面的知识，同时能够培养学生独立探索与实验操作的能力，提高对科学研究的学习兴趣。实验法是自然科学提高质量下学科教学质量的重要内容。

八、启发式教学法

启发式教学在课堂中主要以通过问答、讲练的形式展现，在教师的讲述中提高学生的联想能力，加强对知识的记忆，引发学生深层次的思考。启发性在教学中能够对教学方法与教学活动的使用展开一定的思想指导，简言之，在教学活动中，无论使用任何教学方法，只要将启发教学思想在教学中贯彻落实，就是启发式教学法。

九、实习法

实习法是以教学目标与教学要求作为教学活动的依据，在教学活动中教师组织学生展开实际的操作活动，将教材知识与实际活动相联系提高知识应用能力的一种教学方法。实习法在教学中的应用能够将理论与实际相结合的精神充分体现，对学生分析能力与解决能力的培养以及实际操作能力的提高具有极强的影响作用。在自然科学学科与职业教育中实习法具有重要意义。实习教学法与实验方法教学相比较，虽然其中具有较多相似之处，但是对知识的获取更为直观，能够更为有效地帮助学生巩固书本知识，针对学生实际工作技能的培养具有较强的特殊作用。

第五节　教学艺术

教学活动的开展需要教师与学生的共同参与，在活动中以学习知识作为教学目标且具备一定的智能性。师生在意念力的驱动作用下参与教学活动，教学活动效果又反作用于师生的身心发展，师生会根据教学活动效果的体会产生心灵美与恶的感受。学生对教学活动的心灵美感受需要通过教学的持久性产生培养，所得就是教学艺术。教师将教学技能实现艺术化所产生的教学艺术是教师在教学活动中最高的技艺追求。

教学艺术属于感性教学，使学生在教学中感受知识、享受知识、接受知识。教学艺术本身带有朦胧美，在教学中所有活动的直观明了会导致教学艺术美感的消失，难以激发学生的学习兴趣。

一、教学艺术美

教学活动属于人文智能活动，在开展过程中实现教学知识的传授，在学生身心发展中教学活动的开展会使其产生心灵感受：在参与学习活动过程中学生身心会产生不同的心灵感受，学生通过知识的掌握思想变得全面，知识能够使学生产生心灵感受；在师生互动过程中学生会产生心灵感受；在教学活动中学生总会产生各种感受并具有一定的美丑评判。美丑是相对的，教学艺术是学生教学活动中对教学心灵美的追求，是学生在教学活动中对美的感受、享受、接受与追求。教学艺术对教学美的追求过于片面，在教学活动中所产生的心灵美感受能够对学生产生作用是教师在课堂教学活动中高层次的要求。

当学生在参与教学活动中产生心灵美好感受的同时，就是教学活动所产生的美感。当学生在参与教学活动中所产生心灵不良感受的同时，就是教学活动所产生的丑感。

教师将课堂转化为艺术表演形式美，帮助学生产生心灵美的感受，是师生之间心灵互动产生的结果。在教学活动中，美学的主体是师生的心灵感受，美学的内容是教师教学的才艺，美学的传递介质是师生之间的意识场。

教师在教学活动中所使用的教学技能与教学方法为学生呈现美，使学生感受到教学美，所产生的是教学艺术美。教师在教学活动中通过自身教学特殊技能的展示为学生在无形中创造惊喜，与学生心灵产生互动，为学生带来美好感受。

对教师而言，课程教学的完成已经十分不易，将教学艺术与教学活动相结合是对教学的更高要求。教师在教学中通过一定的艺术性将知识传授给学生，使学生在教学活动中产生心灵美的感受，产生课堂教学艺术美。

二、教学艺术美的心灵本性

学生人格主体具有自身独立的灵魂，是完整的审美主体，学生在接受教学信息的过程中心灵会在其影响下产生美与丑的情感判断。在人的意识中，总是倾向于美好的东西，对美的感受、享受、接受、追求是人心灵活动的自然反应。学生的人格独立、具有较强的审美能力且情操高，对美的追求是心灵活动的必然发展。对美的喜爱、追求、享受是人心灵本性的使然。

学生意识场向外延伸是心意舒畅的物理基础。意识场延伸才会促进心境的提高，使心意信息随着意识场而延伸。学生心意作用会随着理想信念的增强而变强，为理想信念持续散发心意，则意识场作用力会随之增大，使意识场的延伸更加外向，在意念力的驱动下，心灵张弛会随之发生变化。

人的生命中会遇到和拥有很多美好，一旦获得美好的东西就会心情变好，产生美感。教学艺术的创造是为了向学生提供更多美好的东西，使学生心情美好、产生心灵美的感受是要不断地给学生提供美好的东西，让学生心意舒畅，让学生产生美好的心灵感受。

第二章　教育三大规律及其应用

第一节　学生成长规律

一、学生生命元的特征

人们在生命规律研究的过程中所遇到的最大困难是通过自我认识自我，人们对自我的认识最不容易明白。下面通过对生命元的特征展开论述，在过程中将学生的成长规律逐一体现。

（一）学生成长的历时长

学生的成长期有十二年，需要经历小学、初中、高中三个学习时段，在学生每一个成长时期，对过去的回顾、对未来的展望都十分遥远，对于学生本人、对于家长而言，所有的成长时期都是难以单纯地以目光所看透的历程。对于正在成长的学生而言，生活就是成长，成长就是生活。学生的成长是通过生活成长。

（二）生命元属于长期发展的历程量

学生成长期是一段无法以目光去衡量与体现的生命历程，是在不断体验与感受的过程中所形成的生命元，因此决定了学生成长期间生命元是历程量，与课程学时与学年时间单位相比之下形成的生命元增量。现实量是指学生在课堂时段度过的生命元增量，过程量是指学生在学年时段过程中度过的生命元增量，历程量则是指学生在成长期度过的生命元增量。就我国当前的教育制度而言，将学生成长期分为 12 个学年，学生在成长期度过的 12 个学年过程量通过积累生成学生成长的历程量。

（三）学生生命体从幼小到成年的变化

学生成长是从 6 岁的儿童期开始，直至 18 岁成长为成年人，其生理体征、意识格局、人格成长、技艺能力等产生了极大的变化，因此学生成长期所形成的生命元同样会发生巨大的变化。

（四）生命体的多元成长

生命体在成长中会发生巨大变化，生命体本身具有极大的个性差异，而生命体的多元增长差异主要从个体差异中所体现。生命体包含四元：身体、知识、人格、技能。

（五）生命价值性能的综合显性

生命元是由生命性能分解所得，生命多元性能通过综合化的表现将生命价值性能充分展现。生理体征、知识文化、人格智慧、技能应用都是人的独立组成，独立的生命元性能难以将人才的生命价值性能充分展现，通过人的综合素质能够将人才的价值性能充分展现。通过生命多元合并性能所展现，是生命价值综合的显性体现。

（六）生命元以叠基增量形式成长

生命元在自身现有基础上通过增量发展而成，成长形式以叠基增量所呈现，当前生命元是基础增长量，因此将当前生命元值称作成长点，生命元在增量过程中达到最大值则被称作成长饱和量。学生在学习中处于成长状态下，基值的变化基本呈增长状态，通常情况下，成长期生命元值是根据自然生长的方式呈现持续增量的发展状态。

（七）环境变化会影响生命元的成长

学校是将所有的同龄人聚在一起产生群体活动的场所，不同年龄段之间的环境差别较大。学生在小学、初中、高中三阶段所处环境通常是不一样的，而在12学年的教育中所遇到的教师同样会改变，在学生的成长期，学校与教师会定期发生改变造成教育环境之间的变化较大。在学生的成长期间，学生所掌握的知识与获取的智慧会更加丰富，自身的意识空间拓展更加广泛，社会活动的参与度会更加频繁，同时社会空间也会不断地扩大。学生在成长中需要与成长环境相融，适应成长环境的变化，在不同的环境中学会汲取养分，才能够在生活中更好地发展与成长。

二、学生生命元是生命矢量具有的量值大小和成长方向

学生的成长是以人才培养所规划的人才成长目标所发展，人才成长目标是一种生命矢量，不仅有量值大小还有生命方向，量值大小是指生命元的量值大小，生命方向是指生命元对成长的选择以及对目标方向的确立。如学生对人才成长目标的确立是成为一名“科学家”，则人才成长目标的培养需要包括：科学家知识

技能的需求下对生命元量值大小的要求以及对科学家职业选择与成长目标发展方向的保持，学生生命元发展方向与量值大小的确立需要以对人才成长目标的制定为基础。

国家对中小学各年级的教学目标与教学教材统一编写制定，学生课程学时的完成需要在规定的学年之内，是学生成长的共同基础目标。学生成长还分为个人目标与社会目标，同时会根据学习进程划分为近期目标、中期目标、最终目标等形式，人们对学生成长目标的制定需要根据社会发展需求，社会人才多样化的发展是由学生之间的个性化差异所影响产生的。

三、学生成长是自然成长方式和促进成长方式的共同体

学生属于单独的生命个体，其成长是从幼年状态发展至成年状态的过程，在过程之中属于量值递增的过程，不仅包含了自然成长属性，更具备一定的促进成长属性。所谓自然成长，在生命元素材满足学生自身成长所需条件下，不必借助意识场的外力作用就可以自然发育，例如，身体自然成长就属于学生自然成长属性。所谓促进成长，在生命元素材满足学生成长条件下需要加入一定的意识场环境影响，借助教育加工对学生自身成长产生一定作用完成学生的促进成长，例如，知识技能的获取与掌握需要借助教育才可以完成促进成长则属于学生的促进成长属性。

在促进成长中，需要为学生树立一定的成长目标，并通过相应的教育方式对学生展开目标帮助成长完成。随着教育的发展，我国对中小学教育制定的义务教育法，在此项规定中，所有适龄的儿童必须无条件接受义务教育，教育中所使用的教材由国家统一编写，对每年的教学目标加以确定，使全社会公民的平均文化水平最低程度上达到义务教育文化程度，是义务教育的目标。国家为确保教育的顺利进行，保障学生教育环境的良好氛围以及在环境中的健康成长，对教育条件设立了基本标准，即对教育资源的最低投入标准，主要体现在校园的建设目标、师资配置的最低要求、课程教材的设置以及教学时间的合理安排等，为国家发展和社会建设培养全能型人才。在教育目标的实施过程中，教师作为活动的践行者，需要为学生的发展创建适合的成长意识场环境，确保对学生成长的促进作用、教学活动以及教育目标的有效实现。

在促进成长的影响下，学生具有一定的成长方向作为人才的培养，在教育过程中需要具备全面的知识教育以满足对人才的需求，如政治、经济、文化、军事等。教育活动属于国家意志行为，活动中不仅需要满足对知识技能的培养，更需要主动对国家民族利益的维护以及对政治目标的正确树立，在教育目标的树立与培育过程中，不仅需要对人才知识文化技能的满足，更需要对大局观的人才加以满足，例如，对国家利益的维护、对民族的热爱与社会公民的责任等。

教育活动中的促进成长与学生个人需求和国家需求相符合，学生学年教学任务的完成度、文化培养与掌握的程度等属于知识量值单位，生命量值属于叠基增量的成长状态，增量可及的状态是成长目标所需要的，成长的生命值大小变化由基础与增量共同决定。例如，三年级的知识掌握需要以一年级与二年级的知识作为学习生成的基础，属于量基增长，学生需要具备一年级与二年级的知识基础才能够学习三年级的知识是增量可及，单一的一年级知识基础无法学习三年级知识属于增量不可及。学生的成长期一共有 12 年，其成长速度是缓慢且稳定的，只有大量的基础知识作为积累，才能够促进学生一点点的成长与进步。

在促进成长过程中，需要充分把握学生的成长量值，实时记录其大小变化与方向发展，使学习成为学生生活与生命的组成部分，满足 12 年的持续成长目标。

四、学生的生命元是促进成长的条件

学生的生命元需要足够的养分作为成长条件，在不断地吸收中形成素材供给条件。学生成长需要长达 12 年之久，在此过程中，生命元需要时刻以人才成长目标作为发展方向，时刻保持意念力的影响作用，此状态的构成是与学生成长相适应的人文意识场作用下的环境条件。学生成长的过程是生命元在叠基增量下的发展状态，成长量值不仅有大小变化，也具备了一定的成长方向，因此，在过程中既需要生命元为其作素材供给支持，还需要与学生成长相适应的人文意识场作用下的环境支持。在学生成长中，需要保持增长可及状态下生命元素材的提供供给量充足，确保学生能够借助生命元养分的充足吸收满足增长发展的需求。人才成长目标的方向是学生成长的发展方向，学生促进成长行为属于人意识行为，成长期可持续 12 年，在过程中需要持久的意念力作为学生的支持，通过个人心意的内外作用，学生的自身环境与意识场环境的共同作用下实现与学生成长相适应的持久意识场力作用的产生目标。

（一）素材供给条件

身体成长过程中学生需要营养素材作为支撑，充足的食物是满足成长的供给条件。

知识成长过程中学生需要知识素材作为支撑，充足的知识素材需要具备增量可及的要求是满足知识成长的供给条件。

技能生成过程中学生需要技能素材作为支撑，充足的实践机会是满足学生实践能力的发展机会，能够借助知识应用过程实现自我的提升。

在人格的成长过程中，学生需要具备人格素材以此作为个体自主人格的形成条件，足够的知识智慧作为是非分辨的条件，是人格生成的自我确立，是正确的人生观与世界观的树立，因此家庭、学校、社会三者需要共同为学生的成长提供丰富且正确的生命元信息与人格示范，为学生健全人格的形成提供素材。

（二）意识场环境条件

学生在促进成长的过程中，成长方向的保持需要借助于意识场力作用，以及学生周围环境外力与心意内力的共同作用，以求与学生目标成长的意识环境条件相适应。学生作为一个独立的生命体具有主观能动性与接受和抗拒的主观意念，学生成长中所形成的意识场环境条件不仅包括周围意识场作用的外力环境条件，更包括了学生个人意识场作用下所产生的内力环境条件，在意识场内外双重作用力的影响下，能够确保学生成长过程中与目标方向一致。

学生周围意识场所形成的外力条件：学生作为一个独立的生命体，具有一定的智能性，对外界的信息极易感受，并受其影响，形成的意识场环境条件对学生成长有一定的积极影响，促进学生的成长。

社会法制环境意识场力：小学时期的学生尚且处于未成年年龄段，容易受到外界影响与伤害，需要借助法律对其展开全方位保护，对学生成长形成法制环境并对其成长进行保障。如，我国《未成年人保护法》《义务教育法》等相关法律在学生成长中为学生进行保障。

社会人文环境场力：随着社会环境复杂化，众多违法现象与不利于青少年成长的娱乐场所，会对学生的成长极易产生负面影响，充满正能量的社会环境有助于学生的健康成长。

学校育人环境场力：学生是独立的生命体，成长状态是多元化、全面化的。在学校教育中，不仅需要重视对学生知识文化的成长，为学生营造知识文化的良好学习环境，也要将学校构建成由学校制度、学校文化与班级制度和班级文化共同组成的学生成长空间，使学生在校园中能够全面综合的健康发展。

家庭生活环境场力：家庭在学生生活场所中占比最重，父母作为学生的第一任教师，家庭环境对学生的各方面发展具有重要的影响作用。

学生个人意识场在成长中所形成的内力条件：学生的促进成长是与目标方向一致的成长活动，需要学生具备长久的意志力促进目标的实现，需要学生具备个人意识下内力条件的成长影响。

由榜样作用所形成的意识场内力：学生成长过程中容易受身边人的影响，并以此作为学习的榜样，家长、教师作为学生的榜样力量，在学校教育环境中还应该与知识文化相结合，引入更为先进的任务榜样教育，将榜样的感召力对学生产生成长内力的影响。

目标树立中形成的意识场内力：学生成长目标分为近期与远期，成长活动需要通过目标的实现得以达成，属于学生目标引导方式，能够使学生成长方向更为具象化、实际化。

目标追求中形成的意识场内力：学生在树立目标后的追求活动中，能够促进目标的实现与成长的进步，通过目标追求的意识保持意识行动的长久产生，以此形成个人意志作为成长的促进力量。

学生成长期有 12 年之久，在成长过程中需要能够与成长活动相适应，以此有助于学生意识场的内外力形成并受其共同作用影响确保成长方向的持久保持，产生学生的促进成长行为。

五、激发学生对自我形态的准确认识，产生长久的成长动力

成长动力作为意识场力作用，是通过意念驱动所产生的，学生的促进成长应该与成长意识场力作用相一致。学生成长环境中所形成的意识信息较为丰富，在过程中很容易对意识场环境造成破坏与干扰，对知识文化的成长造成影响。学生成长受意识场的内外力双重作用。所谓意识场作用力下的外动力主要是由家长、教师、与同学所产生的，而意识场作用力下所产生的内动力是由学生自身所形成。学生周围的人事物是意识场作用下所产生的外动力，学生自身是意识场作用下所产生的内动力。在成长中需要学生的成长动力长久保持。

成长动力是与目标方向所一致的意识场合力，成长动力是成长进步压迫感的产生源。学生成长活动与环境外力作用下运动一致，个人兴趣爱好的培养能够有效减缓成长进步所产生的压迫感，确保成长动力的持久保持作用。学生成长活动需要意识场动力作用，即意识场动力能够加快学生促进成长。

外动力：在学校教育中，环境场动力是校风和班风，是学生集体所形成的意识场力，是在学生集体共同意识行为下所产生的意识场外力。外动力作用下学生能够对环境场力进行感受并展开方向趋势运动行为，与运动方向保持一致确保成长方向的发展，使学生在成长中十分自然。

内动力：学生意志下所产生的内动力主要是由进取行为所形成，如个人目标的树立、对目标意义的充分认识、现实目标的激发、社会现状的认知和个人状态的了解等，都是通过学生个人认知与理解感悟所产生的个人意念内力。内动力意识行为对学生所产生的影响是对目标追求的强迫性，当在强迫意识下所产生的意识行为在过程中转化为学习习惯，从而促进学习兴趣与学习爱好的产生，能够有效减缓学习动力所产生的压迫感，使学生轻松成长。

教育艺术是将知识学习过程中所产生的强迫意识行为转化为学习兴趣与学习习惯的意识行为，在转化过程中借助外力趋势作用，对学习展开认知与充分感受等方法，以求目标的达成。

六、采用任务教学法，确保成长中叠基增量的产生与形成

成长中将目标转化为任务，学生通过任务的完成达到目标的实现，在过程中学生能够借助教师学习任务的安排获取一定知识文化，促进成长进步。

任务教学法，是教师学习任务的安排与学习作业内容的布置，其所有依据是知识文化的教学任务，学生通过学习任务与学习作业的完成确保知识文化的成长。教学任务包括课外作业、课堂教学目标以及学年教育目标等，将学年教育目标作为学生的大任务进行细小分解，得出课内作业与课外学习等小任务进行定期定量的分步实施，确保最终学年任务的完成。

学生学习任务的达成是外驱动力，过程中学生需要对自我展开强迫，确保规定时间内学习的完成，通过一个个学习小任务的完成最终组合达成学年大任务的完成目标。

任务教学法的使用中，任务过重容易对学生产生影响，任务过轻或无任务学习会导致因学习素材不足或没有学习动力而导致成长无效性，因此学习任务的适当安排与布置是极为重要的。

任务教学法较为简单与普通，部分教师为改进学生学习提出没有课外作业任务形式的自主学习法，在实施中会造成学生没有行为展开的方向性，缺少成长素材与成长动力，学生无法有效确保教学目标的完成。

任务教学法在作用力中会对学生的学习产生被动影响，在任务教学的实施过程中，教师需要重视对学生学习兴趣与学习爱好的培养，使学习活动转化为生活习惯，将学习任务由外驱力转化为学生学习的内在动力，避免任务教学对学生所产生的消极影响。

七、学生成长规律

学生成长规律，就是学生成长过程中带有普遍性的客观必然要求，具有丰富的理论内涵和鲜明的时代特征。

（一）全面成长规律

学生成长是由四方面生命元“身体、知识、人格、技能”综合成长所形成，当在成长过程中，生命元素材在增量成长状态下形成增量可及且与促进成长的方向相同，所构成的一致意识场合理环境条件下，学生成长是由人才目标的成长方向所产生运动，成长规律是从幼年至成年的叠基增值，简言之是全面成长规律。

学生是身体、知识、人格、技能四种生命元的综合成长活动，生命元作为生命矢量，由人才目标成长而发展运动，人才目标的成长方向与生命矢量的方向具

有一致性，即生命元大小与人才目标的量值大小相同。学生的顺利成长需要满足成长条件。学生成长是由总生命元分解而得的多个小部分成长所形成的发展运动，在过程中需要成长素材供给与需求相满足，确保发展成长的顺利，还需要在促进成长所形成的意识场力作用中确保成长顺利，以上两方面是学生成长的必备条件。在教育中，国家使用统一编写的教材，对教学任务进行大体把控与指定，促进师资队伍的大力建设与发展，为学生提供满足成长需求的发展素材，与学生成长供给条件相满足；教育管理活动的本质，是为学生创建适合的发展环境，在成长的同向意识场合力作用下，校规校纪、校风班风、师资教学条件等共同组成学生促进成长的同向意识场合力作用，与学生成长意识场环境条件相满足。教育目标是为了培养学生成长为社会人才，教师、教材、教育管理等活动内容的创建需要与学生成长环境条件需求相满足，确保学生顺利成长、成才。

学生成长是叠基增值的成长状态，成长时期有 12 年之久，在此过程中需要夯实基础，学生今天的不断努力是为明天成长打基础，只有确保基础的夯实才能够保障成长的稳定。

（二）学习生活化律

学生成长，是学生为期 12 年的成长过程，将教育学习活动与 12 年成长过程相融合的运动，在相互影响作用下使学习活动成为生活习惯，使学习成为学生成长生活的组成部分，能够减缓学习活动对学生产生的压力，使学生在学习活动中轻松愉快的成长规律，即学习生活化律。

学生成长是由自然成长与促进成长两种方式所组成的共同成长，学生知识转化通过学习途径得以达成，学生促进成长需要借助教育手段得以达成。学生在成长中需要确保为期 12 学年的课程教育全部完成，在此过程中学生需要通过刻苦且长久的学习活动才能够达成目标。

随着国家对教育的重视，教育学生促进成长行为在法制化的影响下，使得 12 年的学习活动成为学生生活的重要组成部分。教育人才目标的任务完成需要学生付出长久且刻苦的努力，使学习成为学生的生活习惯，能够缓解学习对学生造成的压力，使学生顺利地成长进步。

愉快教学法正是在此基础上所产生的，其目的是为学生缓解学习任务所造成的压力，避免学习活动成为学生的生活负担，对学生成长造成消极影响。

（三）成长动力合成律

学生成长属于促进成长活动，在过程中受到成长动力的影响作用，学生为期 12 年的成长活动需要成长动力加以维持，通过意识场内力与外力的共同作用，对成长活动产生持久的成长动力作用，以促进学生成长的规律，即成长动力合成律。

学生成长需要不断的刻苦努力作为支撑，积极向上的学习动力是努力学习的坚持动力，是成长的进步作用。学生生命体具有智能性，意识荷是具有智能性的物质，在心意作用下意识荷形成意识场，具有较强的物理作用，如场强、场力、势差等。在意识场外力作用下学生体内的意识荷会做定向运动，这是因为在物理原理下学生会受到意识场外力作用，教育中意识场外力对学生所产生的作用，如社会环境、校风校纪、班风班规以及教师任务要求与学生学习目标等，学生在外力作用下，会根据场力趋势方向做相对应的学习活动。内动力的产生是由学生对学习的认知与理解所产生的，并自主自觉地产生学习活动。在意识场内外力的共同作用下，会合成成长动力，完成长久成长的活动。

在学习中，意识场外力与内力的共同方向应该保持抑制，确保合成与成长方向一致所构成的成长动力。

八、遵守学生成长规律

事物的成长壮大是自然发展规律下的成长过程。学生在成长活动中所形成的成长生命运动是自然发展规律，对学生成长规律的研究是为了确保学生更好地发展。

各种事物成长的顺利保障需要与成长环境条件下的需求条件相适应，植物成长过程中需要土壤、氧气、水分和阳光，学生成长过程中需要足够的生命元素材与人文意识场环境相适应的成长条件，对学生成长的培育工作主要是对学生在环境条件下的顺利成长，使学生成长处于自然状态。

学生成长需要满足 12 年的学年教育，在过程中所呈现出的是一种生命元增量发展的长期保持形式。对学生成长规律的遵守是十分长久的培育过程，由于学生具有较长的成长期，需要保持心意的作用时间较长且素材供给长久，确保学生持续发展成长。对学生成长规律的遵守是为学生持续成长状态营造适当的环境条件，使得学生生命体内的所有生命元能够得到最优化发展成长。

在教育中违背学生的成长规律，是对学生成长环境条件的破坏，使学生无法自然成长。下面是学生成长规律中违反行为的列举：

生存环境恶劣，会对学生生命造成直接伤害或者对学生身体健康造成伤害，使学生无法健康成长，与学生身体成长规律相违背。

成长目标设立过高，使得增量不可及，学生即使努力也无法确保实现，对学生自信心造成打击，与学生成长规律下增量可及的条件相违背。

教育严厉度过高，学生学习缺少自主性，自我意识完全失去，与学生人格成长规律相违背。

教育溺爱度过高，帮助度过高会对学生造成行为丧失，使得学生独立实践机会丧失，与技能成长规律相违背。

生命元素材缺少供给量，学生对学习的养分吸收不足会减少生长的增长量值，与学生成长环境下素材供给充足的条件相违背。

教育环境恶劣，会造成学生在过程中无法专心学习，与学生知识成长律相违背。

学校教育是对学生成长的培育，学校客体运动需要与学生成长规律相一致，对学生促进成长的活动是多元发展下的综合成长。在学生生命体内生命元的缺失会对学生成长造成影响，对学生成长规律的遵守，是需要对每一个生命体的增量可及提供足够的素材，为学生营造适合的成长环境，形成相对应的人文意识环境，使学生的成长期能够在良好的成长环境下吸收足够的成长养分，确保养分吸收的有效性、成长的有效性，将学生培养成为社会需要的人才。

第二节 学生成长规律的应用

教育目标是对学生才能的培育，学生成长需要与学生成长规律相符合，对学生成长规律的学习与掌握是教育工作中十分重要的活动。学生的成长分为四个生命元的成长，分别是身体、知识、人格、技能，在成长中四个生命元具有相对独立性，但是需要共同成长、协同成长，最后综合形成学生的全面成长。

教育经验论属于行为教育，在教育中缺少科学理论作为指导，会使得实践过程中对学生成长的环境条件造成破坏，或者是导致学生的生命元发展出现不平衡的偏差情况，这种情况的产生是因为没有与学生成长规律相一致。

由生命元成长环境破坏或者是由发展不平衡所产生的偏差情况综合导致的教育事故有以下常见的情况：

应试教育，将教育单方面转化为应付考试的工具，使应试成为教育整体，不利于对学生全面综合能力的培育，导致学生实践能力极度缺乏；

过于重视智育的发展，导致对体育的发展造成忽略，学生体质下降；

学校发展应该以教学为主，但是随着学校竞争加剧，各种教学活动偏离教学目标，将学校的教育任务扭曲，使得正常教学活动受到影响，出现功利教育的情况；

学生不仅要完成课内教学任务，且课外学习负担同样过大，对学生身心发展造成影响；

学习在教育中所使用的模式与实际教学环境条件相违背，导致教学活动的失败。

为了促进学生四个生命元的全面发展而营造的成长环境，需要从多方面加深其教学影响，在教育法规制度的订立方面，需要与学生成长目标相适应，包括在课程教学目标的设立、课时教育的安排、教学休息以及教学活动的保障等方面，确保学生的健康成长。在课程的设立方面教材的使用应该统一编写，教学目标的设立应该由国家统一，课程的展开应该包括语文、数学、英语、道德与法治、计算机科学等全方位的综合性课程，确保学生在课程内容的学习中能够得到全面的发展。教学课时的设置应该对每学年的课程授课时间进行统一规定，对教育行事历进行统一制定，学校的教学作息时间应该统一规定，且对学生的课外作业时间应该明确规定在每天一个半小时之内，且校内运动时间应该为每天一个小时，节假日不得进行补课等行为，确保学生在成长过程中的学习时间、休息时间以及运动时间的规律化与正常化，保护学生的正常成长活动发展。

教育活动的开展、组织、参与都是需要教师带领，在活动中需要对教育规律加以遵守，是促进学生良好成长的重要因素，教育活动与教育规律相违背，会导致学生的不良成长。教师在教学活动中需要具备明确的教育任务，且对教育的本性十分理解并对教育规律的认知十分准确，能够为学生营造良好的成长环境条件，促进学生的成长；而存在认知错误的教育方法在通常情况下会对学生造成影响，导致学生成长出现消极状态。

学生在为期 12 年的成长期中通过学习活动会逐渐体现出成长规律，在客观方面而言，学校教育作为客体活动需要与学生成长规律相符合。按照学生成长规律开展教育活动，学校教育工作的开展需要为学生创造良好的成长环境条件，使得学生生命元在成长过程中能够有足够的成长素材，使得学生能够健康成长。

因为对教育规律的认知存在不足，导致在教育实践中会因为缺少教育理论作为活动指导，教育活动行为极易与教育规律产生一定的偏差或出现相违背情况，以下是对缺少教育规律作为活动指导导致教育活动产生问题的情况列举：

教师在课堂组织活动中五环节的教学活动展开比较机械化，所谓教学五环节是指：备课、上课、布置作业、课外辅导以及考试评价，教学活动的开展缺少教育理论作为活动指导，导致教学实践的经验只能从成功与失败中积累；

教师在听课教研活动中所积累的经验无法得到有效的实施，在教学活动中存在一定的理解性错误，教学方式过于模式化导致教学失败；

应用教育模式，在教学活动中所使用的教学模式只有形式模仿，对实际的教学内涵缺少理解，无法营造良好的教育环境，且所使用的教学模式无法成为教学环境的良好设立条件，形似而神不似的教学活动使得教学失败；

教学活动中所使用的教育理论过于先进，且与现状下的学生情况无法适应，导致教学活动的失败。

教育规律的学习与遵守在教学活动中是极为重要的。当教师在教学活动中并没有对教育规律全部掌握的情况下，应该采取问题导向法开展教学活动，能够确保教学的有效性，避免在教学活动中因为与教育规律相违背而出现教学事故。所谓问题导向法，是教师在教学中根据目前的教育组织架构进行分工合作，在岗位教学的工作中，将教学成效作为工作导向，对教学活动进行问题发现，并根据自身所具备经验解决问题，从而确保教学活动的有效性。简而言之，以教师作为教学活动中知识与学生之间的沟通渠道，在教师的教学下帮助学生掌握知识，是问题的目标导向。教师的工作实际上较为繁杂，多学少教等投机的教学方法在实际教学中是难以有效实现的。对于大部分的教师而言，对学生的教育十分辛劳。因此教学规律的学习与掌握对教师而言不是为了达到省心省力的工作状态，而是为了促进教师教学工作的有效性。

教师需要三个理论作为教育工作开展的指引：其一，是教育组织架构中对岗位工作的目标指引；其二，是对教育客体的功能指引；其三，是对教育原理的规律指引。每一位教师在教学活动中具有自身相对应的教学岗位工作目标，教学活动在开展中会产生教学客体，教学客体能够确保教书育人功能的达成，教学客体在运动过程中需要以教育原理作为指引，且与教育规律相一致。

教师在开展教学实践活动中，存在一定的有效教学与无效教学情况。有效教学的展开一定与教育规律相适应，而无效教学展开一定与教育规律相违背。教育规律的学习、掌握与应用，需要以教学活动的有效展开作为基本要求。教育活动的有效展开，需要教师设立与教育规律相适应的环境条件。

具备充足的成长素材、与成长的意识场环境相适应是促进学生生命元成长必备条件，教学活动的有效展开需要教师为生命元的成长营造良好的条件。

一、学生生命元成长的素材供给条件

（一）学生身体成长需要食品作为素材，供给条件的满足需要具备充足的食品素材

家长是学生成长中的食品素材供给者，教师则需对学生温饱状况进行掌握，确保学生成长环境处于温饱之中，尤其是在寄宿制学校中的学生成长，则需要充分对学生的温饱生活提供保障，对学生温饱生活的保障是学生生命成长的基本物质需求，食得好则是学生生命成长的精神需求。学校对学生展开体育运动、课间休息、健康保健以及基本医疗等活动的展开都是为了向学生身体成长创造良好的环境条件。

（二）学生需要知识素材支撑知识的成长，过程中需要足够的增量可及的知识素材作为学生需求的满足

教师具有较高的学历、知识水平与知识含量，能够为学生知识的掌握提供足够的知识素材。教师需要实时把握学生知识量的全方位掌握情况，包括学生知识成长点的掌握情况，学生在课堂学习中知识饱和量的情况以及学生所需知识增量

的适当添加。对学生知识成长点的把握极为重要，且课堂学习知识的饱和量把握也必不可少，在过程中确保学生学得会、学得透、学得足，不仅只凭教师的个人主观经验进行断定，需要对学生进行充分的了解与研究，确保对学生知识成长点的正确把握以及对知识需求的增量供给。

二、学生生命元成长的意识场环境条件

自然成长与促进成长综合产生学生成长，具有一定的生命矢量，是有人才目标的方向成长活动，在学生成长中，意识场内外力的综合作用的设立是对学生成长方向的确保，能够长久与人才目标方向保持一致。

（一）学生周边意识场的外力条件

学生作为智能生命体，能对外界信息进行感知，但容易被外界环境所影响，营造适合学生成长的意识场环境条件可促进学生更好发展。

学生的周边环境分为学校、社会、家庭三方面。在学校环境营造中，学校文化的创建应该由教师借助德育工作展开，使学生在积极的状态下开展文化学习，与全体学生共同成长。

（二）社会法制环境意识场力

学生属于未成年人，在成长过程中容易被外界所伤害，需要在成长中借助法律对其展开保护，确保学生的成长处于法制环境。在我国宪法的制定中，《未成年人保护法》《义务教育法》等法律为学生的成长提供了良好的环境。

教师在教学活动中应该将教学与法律相结合，对学生的正当权益展开保障，促进学生成长。

（三）社会人文环境场力

社会上会有多种违法现象的出现，包括不利于学生成长的娱乐场所等会对学生的成长造成不良影响。学生健康成长应该在充满正气与正能量的社会环境中。

教师在教学活动中需要借助政府的社会管理力量为学生营造良好的成长环境，使学生在社会成长中能够对社会感受到正能量，接受正面教育，促进学生的健康成长。

（四）学校文化环境场力

学生成长是多元化的全方位发展状态，学校对知识文化成长的重视需要营造良好的知识文化学习环境条件，为学生营造良好的读书环境。通过学校制度文化与班级制度文化的建立构成学生成长的良好空间，使学生在校园中健康成长。

学校文化的成形需要从多方面展开，如管理目标的树立、管理制度的建立、

管理内容的丰富以及管理活动的展开与行为习惯的养成和良好教学风尚的树立。建立学校文化首先应该明确教学行为实践活动中的目标，将师生之间的常态化教学工作习惯转化为学校文化，对学生的成长具有促进作用。

（五）家庭生活环境场力

家庭作为学生主要生活场所，父母是学生的第一任教师，家庭教育形成对学生身体、人格等多方面的发展具有重要意义。

家庭生活不仅需要对学生成长中所需的物资条件进行满足，家长的言行更是学生成长的信息源，家长自身愿望极易成为学生成长的目标导向。教师与家长的实时联系是确保家校教育信息一致的重要手段，对学生成长形成强力作用。

（六）学生成长的个人意识场的内力条件

促进学生成长是根据成长目标方向的矢量成长，在此过程中学生需要具备长久的目标实现抑制，需要学生具备较强的个人意识场内力条件。

教师在教学活动中不仅需要为学生提供教育知识信息，还需要对学生提供自身帮助，帮助学生自身认知充分，对学习方向的正确树立，成长目标的适当形成，具备较强的成长意志，从而产生成长内动力。当学生自身意识场内力与外力产生共同方向的作用情况下，学习活动的效果最佳。

三、学生全面成长规律在教育上的应用

学生成长是四个生命元的综合成长，当“身体、知识、人格、技能”四方面的生命元在成长中有生命元素材为其提供增量可及的足够供给状态以及促进成长下意识场合理共同方向的环境条件综合构成中根据人才成长目标的发展方向，呈从幼年至成年的叠基增量状态下发展规律。

学生全面成长规律对学校的教育行为进行了全方位的贯彻落实，需要与四个生命元成长相符合。学生成长是四方面生命元的综合成长状态，学校教育过程需要对四方面生命元的成长加以保障，避免过于注重知识教育导致人才成长的不完整性。

学生全面成长规律对学校教育进行了详细的规范与教育行为方向的贯彻，需要在过程中保持增量可及的生命元素材满足学生供给需求，并为学生促进成长下意识场内外合力的共同方向成长环境条件。人才成长是具有生命矢量的成长过程，具有对人才目标成长方向的规定以及教育行为方向的规定。

学生全面成长规律对教师提供了一定的指引，在教学活动中需要与学生全面成长环境条件相适应。所有自然规律的形成具有一定的环境条件，教师教育工作的展开需要与学生全面成长的环境条件相适应，确保学生促进成长的全面发展。

以下是教学方法中对学生全面成长规律的遵守条件列举：

学生成长是由四方面生命元多元化成长而成，在教育活动中需要确保各生命

元之间的协同成长；生命元成长的顺利进行需要在适合的环境条件下，教育活动的展开需要为学生成长设立适应的环境条件；学生成长是逐渐壮大的过程，提供生命元素材的量值同样需要逐渐增大。

学校开展德育工作、建设校风校纪与班风班规等行为是为了建设适合学生成长的环境条件；建设师资队伍的重要目的是为了向学生提供充足的成长素材促进生命元成长；学校管理工作的展开与师资团队的建设工作，是为了学生在适应的条件下获得良好的成长。

教育活动是由基本单元，即课堂教学活动所组成。一节课程内容无法使学生立即成才，但是一节课程内容的开展能够满足学生成长的补给素材，学校教育活动的开展主要是为学生营造良好的成长环境以及为学生提供成长素材，使学生能够健康成长。

四、学生的身体成长规律在教育上的应用

学生身体成长属于生命体自然成长，在营养素材供给充足的情况下，与幼小生命成长的安全保障与卫生保障双重环境条件相适应下，综合影响成长发展，是学生身体自然成长规律。

学生身体成长规律对学校在教育行为目标的设立与贯彻中得到了有效的落实。教师工作的展开应以教学活动为主，但需要对学生的身体成长实时关注，确保学生在教学中的生活学习状态处于最佳，如温饱问题、生命安全、卫生保健等状态的良好，是学生身体健康成长的重要保障。

学生身体成长规律对学生身体成长的教育行为制定了贯彻落实的方向。教育教学工作的展开以不对学生身体成长为主，在教学过程中确保学生身体健康成长为条件展开教学工作。

学生身体成长规律会对教师工作展开引导，使教师在活动中为学生身体成长规律营造良好的环境条件。教师为学生成长环境条件营造衣食温饱、生命安全、定时作息与劳逸结合的环境条件，是学生在指引教师营造适应学生身体成长规律的环境条件。教师为学生营造衣食温饱、生命安全、定时作息、劳逸结合的环境条件，让处于成长期的学生能自然成长。

教学方法使用中对学生身体成长规律的遵守事项列举：

身体成长属于自然成长状态，学校教育活动的展开不能对学生自然成长造成负面影响；设置大课间活动，使学生运动半小时，在校内的运动达到一小时，使学生在运动中成长；设置课间 10 分钟的休息时间，使学生在劳逸结合状态下成长；确保上学、放学按时按点，使学生具备正常的生活作息且在日常生活中自然成长；适当安排课外作业，确保学生具备足够的休息时间；学校为学生的体育运动提供适合的活动场地与体育运动器材。学生在课堂教学活动中不仅知识在不但成长，身体同样在成长。

第三节 学生认知规律

参悟与学习属于求知方式的两种不同形态，学生所使用的求知方式是学习知识，学生经过学习活动获取知识，进行知识记忆，并展开知识应用，是从认至知、从知至行的知识认知过程。认知心理学对人的认知现象研究，所使用的方法是暗箱分析法，将人体比作暗箱，通过向人体暗箱中输入知识信息，以及从人体暗箱中输出知识信息两种行为展开分析比较，对人体暗箱内部知识信息的变化进行详细研究发现，对人认知现象的特征加以总结，形成认知心理学。但是在暗箱分析法的使用中存在两点不足之处：其一，是对应用信息分析方法的使用，对其中意识信息的生成机理存在不明之处；其二，是对人体暗箱内在无法透视分析，对暗箱内部的运动变化现象存在不明之处。在认知心理学的研究方法使用中，存在的亮点不足使得对该方法的理论总结智能对其现象表象展开研究，无法参透认知现象的本质，更不能以此对学生在认识现象中所体现出的客观规律加以总结。而在禅学的研究方法中，其工作原理是明心见性，通过意识荷作用下所具有的灵感性直接对人的思想本性直接“看透”，以下是对学生认知规律的阐述。

一、学生认知的理论主体

在通常情况下，人的认知主体是所要认知的对象，不需要具备认知时间与认知评价要求，但是在学生的认知过程中，因为具备一定的教育特征，包括了教育制度的学年教学任务需要每学年在规定的范围内确保教学任务的完成，学生的认知以学年教材的完成量与知识的掌握作为计量单位，学生在认知活动中的理论主体对教材知识的实际认知度。学生认知规律的总结，是在一学年内学生教材知识的学习度与完成度相结合的学习活动规律。

学生认知的展开需要借助智能器官，从而展开教材知识的学习活动。学生认知活动中所形成的三要素分别是教材、意识荷与智能器官。在学生认知活动的展开中，教材知识是所要认知的内容，通过感觉器官输入大脑，大脑通过意识荷中智能物质作用下对意识信息进行理解与领悟，并加以记忆与保存、对其进行深度的加工处理活动，是学生最终掌握学会教材知识，整体过程的形成是学生认知现象的体现。以下是对学生认知过程中三要素属性与认知活动功能原理的详细论述。

教材要素的属性：学生认知对象是教材知识，作为学生的学习内容，需要将教材中的文字知识转化为能够被学生所理解与掌握的大脑知识。

意识荷要素的属性：学生的智能物质是意识荷，具有两种存在形态，有场性与非场性，在意念力的作用下场性形态会在意识空间中形成意识场形态，而非场性形态是在人体内部存在的且能够在人体中随意流动的意识荷形态。学生智能活动的展开中，思考行为会产生相应的意识场，此时意识荷属于场性形态，称作开气。记忆状态下不会有意识场形成，则意识荷属于非场性形态，称作闭气。

智能器官要素的属性：人的智能器官是大脑中的神经系统，感觉器官中神经元对信息进行感知，并由神经元传输至人脑，在学生认知活动中，人脑的工作是对意识信息进行理解与领悟，并进行记忆与保存，通过加工对其进行处理的器官，当意识信息经过人脑的同时，人脑会对其进行一系列相应的信息处理功能，并向学生传输相应的智能认知现象。

（一）意识荷下将教材文字知识转化为意识信息

人体作为独立的生命体，具有灵感性，人体内的智能物质是意识荷，具有相对应的灵感性，人借助感觉器官对信息进行感知，对信息的感知是借助意识荷下灵感性所获取的，是意识荷通过自身灵感性对感觉器官产生一定的物理作用，将感知信息转化为认知的意识信息。意识信息的产生会有相应的意识活动产生，则会产生相应的意识场，此时意识荷属于开气状态，整体工作过程是：人的感觉器官在物理作用下感知事物信息，在人体意识荷的灵感反应之下对事物信息进行转化生成意识信息，事物被认知。

在禅学求知中，“心”是人体中的最高指令总数系统，心意作用的产生具有一定的主观能动性，心意作用下会对意识波的形成产生策动力，心意的产生与消亡会对意识信息的生成与否产生决定影响，对意识荷的开气与闭气产生决定影响，同时对意识信息的生成与消失具有决定作用。

（二）意识场是意识信息的介质

在心意动态活动下，意识场通过相对应的动态变化产生一定的意识波，而意识信息作为意识波的信号，意识场是其物质介质，而意识信息的传播是以意识波作为载体。

意识波的能量：借助意识场轻度与意识波的振幅发生变化。

意识波的信息：意识信息的传输内容。

意识波的频率：意识信息变化现象的频率。

人的感知器官能够对事物信息进行感知，是因为意识荷具备一定的灵感性，这种理论的生成成为了认知规律中科学性的物质支持的提供依据。

（三）人脑对感知信息的理解领会功能

人自身就是一个思想信息的储存库，通过感知所获取的信息向大脑输入后与自身的库存信息产生融合，能够被人所理解，理解行为属于人的意识表现，是通过知识信息的输入与库存知识产生一定的反应从而建立相应的条理被人们所接受。

（四）意识信息输入人脑后可产生功能作用

当人脑在对意识信息进行记忆功能时，人体中的意识荷处于闭起状态，即非场性意识荷态。大脑的神经系统具有多种功能，可以对意识信息产生记忆、遗忘与传递功能，多种意识信息在大脑功能下的表现有人的认知现象所体现为意识信息的储存、复原、清除与传递等具有功能性的作用。

记忆：大脑功能下对意识信息进行存储。在记忆功能中，没有意识信息的生成，则不会有意识波的产生。

激活：大脑功能下对意识信息进行复原。在还原功能中，会有意识信息的生成，从而会有意识波的产生。

遗忘：大脑功能下对意识信息进行清除。此状态下意识信息无法生成，则不会有意识波产生。

传递：大脑功能下对意识信息进行传递。当意识信息在传递状态下，则实际是通过人体中的神经系统产生流动运动。

二、我国小学教育教材对学生认知的方法和特征产生影响

在现阶段的中小学教育中，教材的使用皆是有国家统一编写与制定的，国家教材的制定依据是每学年的教育任务，在教学活动中教师根据学年的教学任务对所使用的教材加以完善与改进，确保在教学中教材知识的传授具有有效性。由于我国对中考与高考的考查形式所采用的统一考试制度，则教师在教学活动中所传授的教材知识必须与教材保持一致。在当前我国教育中，对教学教材、教育学年、教学考试等方面实行制度统一的形式，使教师与学生在学年教学目标与学年学习目标具有同步性，且教育任务需要在规定的学年时间内同步完成。

由国家统一编写的教材具有十分明显的教学特点，如思想性、系统性、学年性以及科学性与实用性等。

国家对教材的编写是根据学科的设立。因此经过国家统一编写的教材能够将国家的素质教育充分展现，使学生在教学中得到全面的发展。

国家教学任务的制定是根据学年为单位的，对学生知识的认知是根据学年教材作为认知计量单位为依据，以下是对一学年教学中教材知识点的特点并由此产生的学生认知方法特征。

（一）教材知识的图文论述表达特点

人类所获取的知识经验是通过书本作为载体以图文形式将其展现，将人类知

识转化为图文知识，学生的学习则需要通过书本图文等知识记述形式将知识复原，此过程是将著作图书逆过程。

语文能力的掌握能够使学生学会看书、对书本图文含义达到理解状态、对书本知识与教材科学知识的论述达到充分理解，因此在学生读书过程中，对知识的还原过程十分重要。

（二）教材知识的章节知识分类特点

教材的编写需要将完整的知识体系分解为各种细小知识点，通过章节方式将知识体系串联。教材对知识内容的陈述是以说理性作为主要传输方式，将知识点中的概念、属性、定义、规律与公式、理论等多种内容加以阐述，并通过相对应的习题练习对知识的掌握进行巩固提高。

学生通过对教材反复多次的阅读能够通过说理性的陈述对教材知识更加理解。学生对教材的熟读能够通过文字加强对知识内涵的理解。在教学中，学生对教材知识的理解是认知活动中十分重要的部分。

（三）整合知识的系统化特点

每一学科教材的编写都对应着一个完整的知识体系，教材中的章节知识是具有承上启下的作用，能够将所有知识相互联系，互为整体，这些特点是教材知识中系统化的体现。

学生对每一本教材中系统理论的掌握都能够将每一个知识点进行串联，最终建立教材完整的知识体系。对教材知识理解性的系统掌握是知识水平提升的体现，能够将学生在学年中学业的进步充分彰显。

（四）教材知识的学年目标特点

在我国中小学的教育中，通过将统一编写的教材作为教学任务，教师教学任务的完成需要确保对教材知识的全部传授，而学生学习任务的完成需要确保对教材知识的全部学习与掌握，这种教学情况下，教学制度使教学目标成为了国家任务，对教师工作进行了明确、统一与实施，使教师能够在教学活动之外精心于教材的教研、专心于自身技能的提升以及教学成绩的提高。

（五）丰富的教辅资料特点

教师对教材知识的教学需要十分通透，通过对知识点与知识训练的制订形成的教辅资料能够丰富学生的知识学习，对教材中所涉及的知识点进行详细的补充，能够有效辅助学生在使用教材时学习知识，但却无法替代教材。

部分教师在教学中将考试设定为教学目标，通过对教辅资料的反复练习作为教学内容，脱离教材学习，通过大量的习题训练与评讲作为日常教学工作任务，这种情况下，不仅会对学生造成极大的学习难度，对教材知识的理解同样会难以掌握。

三、学生智能器官的效能差别对学生认知能力会产生影响

学校在教学中是通过考试测评对学生学习能力进行评判，通常情况下，对学生的判定觉得成绩好的则学习能力强，成绩差的则学习能力相对较弱。在认知想象中，对信息知识的感知与大脑功能的应用方面，学生的认知能力主要体现在五方面：感知能力、理解能力、记忆能力、分辨能力与加工处理能力。通过人对信息知识的学习以及实践等方式能够提升认知能力，学生通过接受相同的信息知识，则学生本身的认知能力强弱则会对学生的学习效果产生一定的差异。

四、学生认知智能活动的能级层次

学生认知能力需要对知识进行掌握、记忆与应用，是由认至知，由知至行，对人的智能活动之间深入的过程。能级层次的基础是信息知识的输入层次，其次则是对信息知识的理解与转化层次，之后是对信息知识的系统整理层次，最后则是对信息知识进行创新的层次，这四方面是学生认知的能级层次：

（1）学生认知下信息知识的输入层次：教材中的文字信息通过感知器官能够将其转化为意识信息的层次。

人的智能活动物资是意识荷，所有的智能活动展开需要以意识场作为传输介质加以展开进行，在学生认知活动中能级的基础层次转化是将文字信息转化为意识信息。

（2）学生认知下信息知识的理解与转化层次：通过对意识信息的充分理解，能够在意识场中建立其知识信息的生成层次。

学生对知识的理解过程是通过将知识含义转化为大脑的意象知识，对知识的理解是知识意象的生成，通过知识意象的生成则能够被学生所理解，此过程称为理解转化层次。

知识的意象化分为两类：形象与抽象，知识意识主体中，学生可以通过肉眼所见形象意识，如对物体外在形状与大小的认知等面都属于形象意识；反之，无法通过肉眼所见但是可以通过意识描述所知的意识主体则是抽象意识，例如教材知识中的含义理论、公式概念等都属于抽象意识。

（3）学生认知下信息知识的系统整理层次：在大脑中所生成的知识体系是通过意象图层次知识体系，通过多个知识点在条理性联系中构建形成，此时学生对信息知识的认知会转化为大脑中的意象图。学生只有掌握知识体系才能够生成相对应的知识意象图，当大脑中有知识体系意象图的生成则体现了学生对教材知

识体系的掌握。

(4) 学生认知下信息知识的应用与创新层次：通过大脑对信息知识进行处理与加工的层次。

人脑具有加工处理功能，能够对所获取的知识信息进行二次处理，学生学会知识则能够在实际应用中解决问题，知识的加工处理是对知识进行深入思考的活动，将知识通过分析、归纳、推理与判断等方式进行处理，通过已知知识对未知知识进行求取，以此作为新知识的创造基础。

学生在智能活动下所展开的速度是通过低能级速度高与高能级速度低的转化。所谓低能级是指人对知识信息的感知、理解、记忆与激活，而将知识熟练运用则属于高能级。在考试中，需要学生在规定的时间内正确答题，学生答题速度的提高则需要对知识运用能力达到熟能生巧的程度，在此智能活动下，是由高能级转向低能级。

五、学生认知规律

学生对知识信息的认识是学年教材知识作为学习任务的完成条件，将学年教材知识作为认知计量单位，则其规律需要在学生认知计量单位的认知活动中有所体现。学生认知规律的具体体现分为以下七方面。

(一) 认知链构建律

学生的认知规律是其以学年教材知识作为认知的计量单位，其过程是知识信息输入—信息知识理解—知识转化—知识记忆—知识复原—知识应用，此过程被简称为认知链构建律。

在学习过程中链式关系的确保需要通过链式的层次链接，对每一个学习环节的有效认知是对教学活动中认知活动的有效链接。当在教学过程中有断裂关系或是无法链接等情况出现，在此情况下的认知链式关系会使学生的认知无法完成。

所谓递进关系，则是指学生将知识信息向认知链中输入能够对知识进行理解，通过对知识的理解从而生成知识，生成的知识会被大脑所记忆，经过记忆的知识能够将知识原形复原，之后知识能够被应用。

学生在一学年内所获取与积累的知识总量是学年认知知识，学生的认知是一个过程量并不是现时量。

(二) 知识输入律

所谓知识输入律，是指教材知识对感觉器官进行作用，并通过意识荷的灵感反应作用于教材知识从而生成意识信息的规律。

学生在学习活动中产生知识意识信息主要有两方面：其一，是教师在教学中通过声音将教材知识对学生听觉感官产生作用生成知识意识信息；其二，是学生在阅读教材过程中对视觉感官产生作用生成知识意识信息。感觉器官以意识荷的灵感性作为知识生成介质从而产生意识信息，随着相应的心意活动产生意识场从而生成意识信息。

（三）知识点生成律

学生将教材知识信息与记忆知识之间产生联系，对其进行融合理解，根据意识场中教材知识相对应的知识意象的构成产生相对的知识生成规律称为知识点生成律。

知识点不是单独成形的，具备了一定的知识内涵与知识的外延，当学生对知识点的全部知识信息掌握理解之后，能够在意识场中建立知识意象。对知识信息的理解是知识意象建立的条件。

（四）知识体系生成律

学生对教材各知识点之间的联系熟练掌握能够对教材的知识体系展开深入理解，在意识场中将所有的知识点建立从而形成知识体系意向图，称为知识体系生成律。

教材作为完整度较高的知识体系，具有相对独立性，教材中的各个章节知识相互联系，学生对知识点之间的条理联系深入理解，在意识场中能够形成相对应的知识体系意象图。

（五）知识记忆律

学生在学习图文知识中，通过对知识记忆的处理以及反复联系加深知识记忆的保存规律称为知识记忆律。

记忆存储是大脑的功能，学生知识意识信息的获取、知识意象的构建以及知识体系意象图的形成等方面内容会随着人的心意作用消亡与意识场的消失而丢失，但是能够被大脑的记忆功能所储存，被记忆所存储的信息无法在意识场中活动。

（六）启发激活律

学生由大脑功能所存储记忆的知识通过关联性的激发或是在条件反射下所产生的启发激活规律被称作启发激活律。

大脑功能可以对所记忆的信息进行启发与激活，在相关联信息的激发下能够使记忆信息出现活动迹象，从而生成意识场信息并进行意识活动。条件反射式激活会在熟练记忆下产生。

（七）大脑能级转移律

为了使智能活动可以由高能级向低能级转移，且对知识应用的速度得到一定的提升所产生的活动是大脑的加工处理规律被称作大脑能级转移律。

学生智能活动下的速度体现是低能级速度高、高能级速度低。低能级是对知识的感知、理解、记忆与激活，高能级是应用知识。高能级向低能级的转移需要学生对知识的应用十分熟练，能够提升知识应用的速度。

学生对知识的应用是借助大脑功能展开，通过加工处理功能，大脑能够对知识展开一系列的活动，如分析、归纳、推理等，通过已知知识信息对未知的知识信息进行探索与求取，通过已知信息创造新知信息，该过程属于创新方式。

第四节　学生认知规律的应用

学生认知活动是由认至知，由知至行的发展过程，是多种大脑功能在综合活动下对知识产生学习、记忆与应用。学生学习活动的开展需要与学生认知规律相遵守，才能够确保知识的良好掌握。由于在学校教育中，对学年教学目标制度的制定，对学生认知的计量单位进行的决定，是学习完成一个学年的教材知识。所谓学生认知规律，则是指在学年教学规定时间内，学生对规定的教材知识的内容学习认知的活动规律。学年教学客体的生成是由学年教学活动而得，因此学年教学客体的运动需要与学生认知规律相符合。

学生认知是教材知识规定学年时间内对其认知的完成度以一种递进链形式所生成的知识构建，学生每一个时间段的学习都是将教材章节中的知识点构建形成各行教材知识体系的过程，是教材知识认知链基础构建的完成过程。知识的掌握与学习需要与学生认知规律成立的条件相满足，与学生认知规律要求相符合，通过刻苦努力的学习，才能取得良好的学习成果。如果学习活动、教学活动与学生认知规律相违背，则学习效果减半或者没有。

学年教学活动的有效开展需要多方面的准备工作，首先，需要具备学年教学客体；其次，教学活动需要为学生认知规律成立营造环境条件；最后，需要学年教学客体的运动与学生认知规律相符合。在学年教学活动中，对学生认知规律的遵守是教材知识学习的重要条件，如果在学年教学活动中与学生认知规律相违背，则教材知识的学习会事倍功半。

以下是对学生认知规律违背的教学活动中常见的问题：

教师对学年教学活动缺少规划，没有对学年教学工作认知清楚，教学活动缺少连续性，则学年教学客体无法形成；

教师对教学工作独立展开，将课堂教学认作教学工作的全部内容，在课后教学中缺少实践，难以形成学年教学客体；

教师对学生缺少了解，知识教学工作与学生实际无法融合，则学年教学客体难以形成；

学校教学文化与班级学习文化的营造工作失败，学生对学习不上心，教学活动无法展开，学年教学客体无法形成；

教师对教学活动的组织能力较差，无法开展有效的组织教学活动，则学年教学客体无法形成；

教师无法帮助学生对知识进行理解，对学生在知识掌握中知识成长点与成长方向无法明确指出，对教材知识点之间的关系难以明确表达，无法完成知识体系的构建，与学生认知规律相违背；

教师在学年教学客体的应用中没有根据学生认知规律运动所进行，与学生认知规律相违背。

教师学年教学工作开展中，学年教学客体是必须具备的，通过对学生认知规律建立相适合的环境条件，需要与学生认知规律相适应，才能确保学年教学活动的有效展开。

以下是对学生认知中七条规律在教学中的应用论述。

一、学生知识认知链构建规律在教学上的应用

学生认知是一种认知链形式的递进构建规律，其是将学年教材知识作为认知计量单位，形成过程是“知识信息输入—知识理解—知识生成—知识记忆—记忆启发—知识应用”。

知识认知链构建规律对学年教学的工作目标加以规范并对学年教学的工作方向进行了规定。

学生认知与一般人的认知不同，学生认知是以学年学习任务的特点为根据，以学年教材知识作为认知的计量单位，对学生认知计量单位的认知完成是学生的认知任务。

对学生认知的链式关系而言，能够将其分为三个具有功能性的阶段：知识学习、知识记忆与知识应用，三者顺次连接形成认知链式关系。知识学习是“知识信息输入—知识理解—知识生成”的过程，记忆知识是将掌握学会的知识记忆存储于大脑中，知识应用是对知识进行激发，并对已掌握的知识进行应用，对实际问题进行解决，能够实现知识的创新与求取。

学生认知是变量积累的过程，在一学年的教学中通过每节课的学习积累掌握学会每一章节教材知识从而达到所有教材知识的全部掌握，认知的变量积累完成过程。

二、学生的知识输入规律在教学上的应用

（一）知识输入规律成立的条件

感觉器官的感知功能开启需要通过意识系统，在感知反应下生成相应的意识场，从而有意识信息的生成。学生学习中具备了持之以恒的意志品质，能够持续地对知识信息的输入进行接受。

学生自愿学习，主动加入课堂教学活动，将意志输入转变为自然输入。

学生对教师的讲课内容能够达到理解状态，对知识信息的输入进行接受。

（二）与知识输入规律相违背的现象

学生感觉器官与感知功能的关闭，使意识场无法随着感知而产生，意识信息无法生成。

学生讨厌学习，拒绝学习，对知识信息的输入不予接受。

学生在学习中持之以恒的意志品质缺少，对学习难以集中，无法进行知识信息的输入。

学生对教师所讲授的内容无法理解彻底，则知识信息输入无法完成。

（三）知识输入规律遵守的教学方法

（1）意识信息具有相同的属性，但感知器官对信息知识的输入渠道不同。人体中的神经感知元各有不同，人对外界信息感知需要选择相对应的神经感知元将其转化为意识信息。

（2）教材信息的输入需要通过不同的感知器官，信息输入通道的选择同样不同，是学生认知链中“输入信息”环节之一，只有“输入信息”环节完成，才能够对知识进行理解、记忆、启发与应用。

（3）讲授法的听讲、自学法的阅读、实验法的实践等教学活动中的信息输入都属于对感知器官的选择，由于感知器官功能之间存在不同，则无法对器官优劣进行先进性的评判。

（4）学生对感知作用专注情况下能够产生灵感反应，无论学生对感知器官的选择如何，在过程中都需要学生专心于教学活动的感知作用。

（5）教师通过将教材知识转化为各种物理现象，如声、光、场等，对学生的感知器官产生作用，使学生专心于学习活动，从而产生感受信息，以此确保教材知识的有效输入工作的完成。

课堂教学信息的输入是选择感知器官进行，因此对感知器官的选择不存在先进性，只有适用性。

三、学生的知识点生成规律在教学上的应用

学生将输入的教材知识信息与大脑中存储的知识两者之间生成联系，对其展开理解掌握，在意识场下将教材知识建立相对应的知识意象产生知识点生成规律。

知识点生成规律对教师教学活动中对学生知识点的理解帮助进行了规范化规定，将生成知识意象作为教学工作目标。

学生对知识理解方式不同则需要不同的教学方法，在当前的教学中根据学生知识理解方法不同从而产生三种不同的教学方法：渐进教学法、顿悟教学法、倒置教学法。

渐进教学法：常被应用在教材教学中，通过顺向教学，在教学中根据教材章节顺序向学生展开教学，按章节顺序开展教学活动，对每一个章节内容知识掌握与理解，确保全本教材知识作为学习任务的完成，在教学过程中需要与相适用的角度资料结合对教材知识加以巩固与提高。

顿悟教学法：常被应用在教辅资料的教学中，通过对教辅资料中的习题采用逆向应用，将教辅中的知识点加以简化总结，借助教辅习题对学生进行知识应用的训练，教师通过习题的讲解为学生传授教材知识，通过采用习题问题先导的逆向求知法，当学生对习题不存在疑问且全部掌握之后对教材知识则同样会理解。

倒置教学法：常被应用在新知识的教学中，通过先记忆后理解的方式，在新知识或新教材的学习之前将所有知识总结形成知识要点，让学生通过死记硬背加深对知识点的记忆，虽然无法全部理解，但是通过记忆的加深，在之后教材章节的课堂讲解中，通过知识详解，借助习题的大量练习作为辅助能够提高学生对知识的理解，反复多次就能够理解与掌握教材知识。

四、学生的知识体系生成规律在教学上的应用

学生对教材知识点之间的联系掌握熟练，能够对教材知识体系进行理解，在意识场下对全部的知识点建立相对应的知识体系意象图的知识体系生成规律。

知识体系生成规律对教学工作目标加以规范，需要确保学生对知识体系的掌握与知识意象图的生成，同时对学生认知教材各知识点之间的关系进行了规定，需要对教材知识体系加以理解，需要树立明确的教学工作方向，在意识场中将全部的教材知识点建立相应的知识体系意象图。

学生不仅需要学会知识点，还需要对知识点之间的逻辑关系加以掌握。教材知识是完整教学体系，具有一定的独立性，各章节知识点具有相互联系性，借助知识点之间条理关系的理解，能够在意识场中形成相对应的知识体系意象图。

学年教学任务的完成是以学生对全部教材知识的掌握与知识体系的形成为标准，知识综合生成的过程会生成知识体系意象图，将各章节的知识点汇总成完整的知识体系。

五、学生的知识记忆规律在教学上的应用

所谓知识记忆规律是指学生在知识记忆中需要通过对教材知识图文进行二次处理并通过反复多次的记忆将知识信息得以保存的规律。

知识记忆规律同样对教学工作目标进行了规范，需要确保学生记忆所学知识在过程中的贯彻，并对教学工作方向加以规定，在教学过程中需要学生贯彻落实反复多次的训练记忆。

记忆存储是大脑的功能之一，多种知识内容会随着人的信息作用发生变化，如知识意识信息、知识意象与知识体系意象等会随着心意作用的消失而消散，但是在过程中会由大脑的记忆功能存储留存，但是记忆保存的信息无法在意识场中发生活动。

在课堂教学开展中，教师让学生将所使用的知识进行规范简要后进行语言表达，将规范简要知识所形成的知识语言转化为课堂教学中的常用语言，学生通过熟读熟记产生知识条件反射，有助于知识信息的记忆。

在课堂教学中学生齐读齐背的学习方式能够促进知识信息的记忆。学习知识是枯燥的过程，对学生的意志力是一个考验，通过班集体的场力作用，能够对学生个人产生影响，使其不需产生个人意念力的作用就能够加入学习活动，使学生在学习中更为轻松，确保知识记忆的学习效果提高。

在课堂教学中通过群体场力作用对学生产生影响，能够在教学活动中主动参加群体活动，有助于知识信息的记忆。

在课堂教学中对学生的记忆目标提出统一的设立能够促进学生对知识信息的记忆。在年级学制相同、教材课程目标相同以及中考、高考目标相同的情况下，对课堂教学目标的设立成为了群体活动的共同努力方向，在此过程中学生的意识取向产生一致性，有利于对知识信息的记忆。

六、学生知识的启发激活规律在教学上的应用

学生知识记忆会受到关联启发或者是条件反射下所产生的启发激活规律。

启发激活规律对教学目标进行了规范，在教学中需要确保学生对记忆知识贯彻启发激活应用，并对教学工作方向加以规定。

启发激活记忆知识信息是大脑功能之一，在关联信息的启发下激活记忆信息使其形成意识场信息并进行意识活动。

在生成知识的过程中需要与学生认知规律，即链式线性递进构建规律相符

合，但是应用知识的过程中需要极快的反应速度，在应用知识中，反应最快的是输入知识信息的脉冲激活的速度，其次则是以知识模块为基础所展开的推理的速度，通过知识应用的基础理念所展开的逐步推理速度最慢。

应用知识的反应速度提高需要从多方面展开：首先，是对知识的熟练记忆，使知识在应用中产生脉冲激活运动时能够被快速应用；其次，是对知识模块的熟练记忆，使知识在应用中产生较快的模块化激活时能够达到快速应用功效；最后，是在信息输入中对大脑产生作用使其生成条件反射，达到最快的启发激活功效。

七、学生知识应用的大脑能级转移规律在教学上的应用

大脑加工处理规律是促进大脑知识应用速度的提升，在智能活动下将知识信息由高能级向低能级的转移过程。

大脑能级转移规律对教学工作目标进行了规范，在教学过程中需要对学生应用知识的速度贯彻提高，并对学习方法进行了规定，以及对教学工作方向的确立。需要通过反复多次的练习使其获得知识信息，在此过程中能够使大脑的加工功能从高能级转化为低能级，以此完成教学工作，达到对应用知识速度的提高。

学生对知识的应用借助大脑功能对其进行二次加工与处理，通过由已知知识信息对未知信息进行探索与求取，由已知信息创造获得新知，是创新方式的一种体现。

大脑功能中低能级智能活动包括：感知功能、理解功能与记忆功能，此时对大脑反应速度的要求较快。而大脑功能的高级能级智能活动主要是指大脑的推理演绎功能，此状态下对大脑反应速度的要求较慢。大脑对知识进行加工与处理是思维能力，思维能力主要包括对知识的分析能力、归纳能力、推理能力与判断能力等功能。

思维活动下借助对知识进行条理演绎，能够加深学生知识的理解与掌握。

思维活动的反复练习可以提升学生知识应用能力。

思维活动过程是由已知知识信息对未知知识信息的探索与求取，是通过已知信息创造新知，属于知识创新。

学生应试速度的提升方法是将日常所学的知识认知转化为记忆，在应用时对其进行启发激活，从而生成条件反射式快速反应，将大脑由高能级功能活动向低能级功能活动转移。

所谓熟能生巧，则是指在应用知识时能够产生脉冲激活，快速反应。对知识展开一系列的思维活动，此过程需要通过时间发展逐渐推导，整个过程是知识的应用过程，学生在学习过程中通过多种类型题目的训练能够将各种知识演绎体现

在知识学习过程中，将通过教材知识的应用所得的各种推理信息转化为学习已有知识，在考试时通过知识的应用生成条件反射并对其进行作用，以此避免对原始知识的推导过程的重复发生，提升答题速度，提高考试成绩。熟能生巧的学习方法是在记忆的条件反射基础上对解题速度加以提升。

（一）学生大脑能级转移规律成立的条件

应用知识是将知识放置在意识场中所形成的大脑意象图，通过对知识进行调理演绎从而生成意识流，通过问题的提出到问题的解决从而形成意识回流情况，获取新知识，掌握新知识。

知识的应用需要具备一定的知识基础，对已有的知识应用需要通过对知识进行加工处理活动。

知识的应用需要具备一定的能力基础，通过一系列的思维能力对知识进行加工处理活动。

知识关系体通过大脑逻辑构建形成相对应的知识体系意象图，在此基础上才能够展开知识的逻辑思维活动。

（二）与大脑能级转移规律相违背的现象

缺少知识基础无法确保知识应用。

知识应用能力较弱则无法进行知识处理应用。

知识逻辑关系的构建失败，则知识逻辑思维活动无法展开。

（三）大脑能级转移规律的教学方法

（1）在知识的应用中大脑具备加工处理功能，但加工处理能力不相同。学生在大脑加工处理活动的开展中，首先是需要对知识素材进行获取与加工，其次是对知识素材进行针对性的大脑加工处理活动。

（2）知识丰富，记忆力较强，对记忆速度的激活快，则能够为大脑提供大量的丰富的加工素材，学生需要对知识进行记忆，并进行激活应用。

第五节　课堂教学规律

课堂教学活动的开展需要与课堂教学规律相符合，何谓课堂教学规律？在现阶段的教育学中只包含了教学原则，缺少了教学规律。课堂教学规律属于客观规律，不会以人的主观意志产生转移，在此基础上，课堂教学规律的应用需要建立在物质的基础属性之上，不能建立在人文属性的心意上。以下是对课堂教学规律中意识荷与意识场的物理属性及其运动变化规律进行阐述。

在教育学中，课堂教学规律的七条原则是：（1）科学与思想相互统一的原则；（2）理论与实际相联系的原则；（3）直观性原则；（4）启发性原则；（5）系统性与循序渐进原则；（6）巩固性原则；（7）因材施教原则。以上七条教学原则是课堂教学活动的理论指导，无法对具体的教学行为进行指导，课堂教学行为能够通过课堂教学规律对其进行规范。

课堂教学规律属于客观运动变化规律，是对课堂教学与智能物质属性相符合的反映。在教学中对教学规律有多种说法，有人对教学规律进行总结，得出四条规律：简捷律、育人律、发展律、二主律，另外，也有部分人将“言传身教”的影响认为是教学规律等，以上论述的提出都缺少物质属性作为基础支撑，只是从教学的多方面内容展开论述，无法将课堂教学客体中规律性运动充分体现，无法对具体的课堂教学行为进行指导，不属于教学规律。课堂教学规律的建立是以智能物质运动变化规律为基础，课堂教学作为理论主体，根据课堂教学客体活动在课堂教学活动中的展开需要与智能物质活动属性相符合的客观规律总结。

一、课堂教学规律的基本理论问题

（一）课堂教学的理论主体

课堂教学规律不同于学校教育规律，最明显的差别在于两者之间的理论主体不同，课堂教学与学校教育分属于两个不同的理论主体。课堂教学活动的发生是在课堂中，教师与教学之间通过“教与学”所产生的双方活动时间，课堂教学的理论主体是教师与学生之间的活动，因此课堂教学要素包含了教师与学生两者。

在“二主论”的教育规律中对教学活动指出应以“学生是主体、教师是主导”，此种规律的阐述与课堂教学活动规律中以“教师与学生的双方互动合一”为理论主体的规律相违背，不能单纯地将课堂教学的理论主体认作课堂教学的理论主体，学习活动的理论主体是学生，教学活动的理论主体是教师。在课堂教学中，课堂教学活动、学习活动与施教活动三者是不同的教育概念，且三者的理论主体各不相同。

对课堂教学理论主体的明确，在针对课堂教学规律进行阐述的过程中具有极为重要的作用，在课堂教学中的理论主体内部，由于所组成的要素形式众多，则其自身的活动属性各不相同，在教学中各理论内部要素在相互作用下需要与智能物质相遵守的运动变化规律，课堂教学规律的产生是在课堂教学客体与智能物质属性相符合的运动变化规律。

（二）课堂教学的三要素

课堂教学活动的目标是：教师向学生传授教材知识。由此可知在课堂教学活动中，教师、教材、学生是三种组成要素。

教师作为教材知识的传授者，在课堂教学活动中的首要目标是将教材中的所有知识向学生全部传授。

教材作为知识传授内容，在课堂教学活动中的主要作用是通过教师作为与学生之间的传播渠道，将自身知识转化为学生知识。

学生作为教材知识的接受者，在课堂教学活动中首要目标是将教材中的所有知识内容全部学习、学会并掌握。

（三）课堂教学活动的物质基础

在智能体物理学中指出，人体中具有意识荷为主的智能物质，在意念力的作用下，人体中的意识荷会在意识空间中做场性分布运动从而生成意识场，课堂教学活动中意识场形成作为物理介质，将师生之间的心意信息产生互动。

语言和心意，在课堂教学活动中，教师在知识传授中所使用的讲课语言需要被学生所理解，并且能够转化为学生的心意信息，此过程属于语言向心意的转化。课堂教学的展开中需要教师在传播语音信息的同时散发教学心意，此过程属于教师在课堂教学空间中形成的意识场，学生在通过听课掌握教师语音信息含义的同时，自身的心意在对信息知识理解过程中形成相对应的意识场，在同步叠加的作用下，师生之间会产生同性同息的心意共鸣现象，教师与学生之间通过情感的交流构建丰富的课堂教学内涵，此时所构建的课堂教学是教师与学生之间通过知识所形成的心灵互动空间，教师在传递教材知识的过程中需要将其转化为自身的心意信息才能够被学生所理解并将其转化为学生自身的知识。

（四）教师要素的属性

教师作为教材知识的传授者，在教材知识的传递过程中需要将其进行加工处理，确保所传播的教材知识能够被学生有效接受。教师作为课堂教学活动的组织者，在课堂教学中需要将所有学生的思想意识形成统一化并集中于课堂教学活动。教师还属于课堂教学活动的参与者，师生之间的相互交流共同形成意识合一的课堂教学空间。

教材要素的属性：教材作为课堂知识内容的主要体现，是课堂教学中学生的主要学习对象，是教师教学活动展开的主体。教材内容的选择对学生的知识能力发展方向具有决定作用，在课堂教学中，教师教学活动的开展需要以教材知识为主，根据教材知识内容作为主要依据纲要，对学生而言，教材内容比教师的教学对学生成长方向的决定影响作用更大。教师与学生在课堂教学活动的开展中需要根据教材知识进行思想意识相互交流，一同建立处于同一维度、具有相同信息的课堂意识场。

学生要素的属性：学生作为教材知识的接受者，需要通过教师指导对教材知识进行学习。学生作为课堂教学活动的参与者，需要与教师之间产生教学活动交流，只教不学或只学不教的教学活动属于单边课堂。完整的课堂教学活动需要教师与学生的双向活动与共同参与。

在课堂教学活动中，教材知识的有效传递与课堂教学目标的完成需要将三要素充分结合。在智能体物理学中指出，教材中文字信息的传输首先需要教师与学生之间产生大脑意识活动并形成相应的意识场意识信息，之后将教材知识信息转化为学生知识。教师与学生之间思想活动的展开需要以教材知识作为重心，且需要保持交流空间维度、交流频率以及交流信息的抑制性，在此情况下才能对课堂意识中师生之间同性同息的知识共鸣的生成提供保障，确保教材知识的有效传递。因此，课堂教学三要素的有机结合是对课堂意识场维度、频率、信息的充分结合。

二、课堂教学的五个功能性环节

课堂教学过程是以教师作为教材知识与学生知识转化的桥梁的教学过程，课堂教学内容无法单凭课件进行知识转化的，课堂教学目的是为了教材知识有效转化的实现，课堂教学的开展需要确保知识转化功能性任务的完成。以课堂教学的功能性任务为依据对其进行划分，能够将其分为五个教学功能性环节：课堂教学组织环节、课堂意识场生成环节、产生知识心意信息环节、知识意识流的生成环节、知识转化完成环节。功能性环节划分是不以时间空间所展开的，更不会根据知识的演绎进程所进行，其划分依据是课堂教学中，活动的功能属性所展开的。

（一）组织课堂环节

人具有多维度意识场，学科的不同、议题的不同以及教学关注点的不同都会产生不同的意识场维度。课堂教学需要确保教师与学生思想活动的展开是处于同一维度下意识场的深入过程，教师与学生之间所传递与产生的思想意识信息是以教材知识为中心，教师与学生之间的思想意识是通过共同交流后在同一维度下体现在教材知识的交流中生成的课堂教学。学生在课堂教学中缺乏专心，无法集中注意力，不遵守课堂纪律等行为都是对课堂意识场维度的破坏，教师对课堂教学活动的组织需要确保与学生之间的思想意识处于同一状态且都集中于教学内容中的共同意识场维度当中。

学生的意识感受出开放状态，在成长中会受各种信息干扰影响导致注意力出现分散的情况，但是在课堂教学中学生的意识会受到课堂意识场环境影响，确保学生在课堂中的注意力的集中，此种状态下不仅需要学生的个人意志产生作用，同样需要意识场场力的定向作用对学生产生影响，为学生营造良好的意识场环境，有利于其课堂学习的专心。

1. 影响学生课堂意识活动的外在因素：校纪、校风、班纪、班风

在教学中学校师生通过读行为规范的遵守从而在潜意识中形成了相同意识下良好行为习惯的产生，促进了校风、班风的形成。在课堂教学中良好的校风班风能够使学生更专注于知识教学中，与教师形成统一意识场维度，完成课堂教学组织功效。

教师与学生之间的意念力相互吸引。师生在意识活动中共同专注于教学，从而产生相对应的意识场，在教学中学生课堂对教师思想行为的专注促进了极强意识场的产生，在课堂教学中教师需要对关注作用产生反应，并根据学生的关注对其做出相对应的且能够使学生接受与满足的意识回应，鉴于此，教师与学生的意识场力会互相吸引。

教师在课堂中根据教材知识向学生提供的课堂信息需要与其意识活动的需求相满足。课堂教学中确保学生持续处于精神饱满的状态参加教学活动，信息能够集中学生注意力并沉浸在课堂教学活动中。

在课堂教学活动开展中，从最初意识场的产生到教师与学生意识场力的相互吸引，通过精神饱和状态传递教学信息对学生意识世界进行占领，使得教师与学生在双向活动中达到合一状态，使学生在专心上课的过程中达到忘我的意识活动是完美的课堂活动组织。

2. 组织课堂是对学生意识世界的丰富，属于组织课堂的物理原理

课堂意识场具有多种物理作用，在课堂中教师需要使学生对课堂意识场力中的定向作用产生感受，能够专注于课堂教学内容，专注于与课堂活动处于同一维度的课堂思想意识活动，建立师生之间的双向活动，确保教师与学生的空间维度、交流频率以及信息的传递都是同一状态下。

当学生专注于知识的意识场中，则其心灵世界会被知识全部占领，使学生在教学中专注于教学内容，当教学内容成为学生课堂心灵世界的全部组成，则学生会进入课堂的忘我状态。

（二）课堂意识场的生成环节

课堂意识场产生是通过教师与学生共同作用下，在意识活动中将意识荷在课堂空间中做场性分布。课堂意识场的特征是根据课堂教学的意识活动特点所产生的。

1. 课堂意识场的特征

同一维度场：教师与学生在课堂活动中相互关注，在共同作用下将教材知识内容转化为意识活动内容，从而使课堂空间维度、相互交流频率、传递知识信息的意识场处于同一状态下。

持续作用场：课堂意识场中师生通过教材知识内容的传递产生联系性的、持续不断的且具有明显条理性的意识活动。

中等强度场：人体的智能物质是意识荷，人的意识信息思维活动最适合在中等强度的意识场中进行，意识场过强或过弱都无法使师生之间产生流畅的思维活动。

定向力场：教材知识内容在条理性作用下产生的目标主要是对意识场的指向，具有一定的场力定向作用。

2. 课堂教学的意识场的生成原理

意识场的形成主要是意识荷在心意作用下做场性空间分布运动。课堂意识场主要分为四个过程：形成、平衡、持续、结束。形成过程：教师与学生在课堂教学中所产生的意识场逐渐增强的过程；平衡过程：师生心意支配力与课堂意识场的场强之间的相互平衡的过程；持续过程：意识场的平衡状态会随着教学活动的连续展开形成状态保持；结束环节：教师与学生在教学活动停止后课堂的意识场消散过程。

课堂意识场中同步意识活动的产生需要师生之间保持相同的教学内容，统一意识信息，且意识场的维度相同。当上课开始的时候，教师与学生之间的意识活动开始产生，意识场在过程中不断增强，场强逐渐增大直至达到平衡状态。

课堂意识场平衡状态的保持需要确保课堂意识场的场力与师生之间共同的意念力两者处于平衡状态，则意识场增强状态逐渐趋近于持续稳定的状态。教师与学生之间的意念力不同则会对课堂意识场的平衡状态造成影响，对场强的不同起到了决定作用。

课堂意识场的持续产生需要通过师生之间课堂意识活动的连续性加以维持，课堂教学中教学话题的转变与中断都会造成意识场被打断，课题的转变是课堂空间维度的改变，教学话题的中断是意念力作用被中止，此过程下课堂意识场都无法持续。

下课，即课堂教学活动的完成与结束时，教师与学生之间的意识活动同样结束，课堂意识场同样消散。

（三）知识心意信息的生成环节

课堂教学中教师与学生互动内容的产生需要以教材知识生成的心意信息为中心，教材文字信息转化为心意信息需要通过教师与学生之间的意识活动作为条件，在课堂教学活动中知识转化的必要条件是知识心意信息的生成。

1. 知识心意信息的生成

教材知识转化为心意信息需要通过大脑功能作为介质，因此需要对知识内涵进行理解，会在意识活动中生成知识的意识影像。

言与意，教材的文字信息需转化为师生之间的心意信息。对于教材中的文字信息教师是能够理解的，在课堂教学中教师根据自身对文字信息的理解将其转化为自身的心意信息并向学生传递，当学生对教师的语言信息理解的同时会产生学生的心意信息，在此基础上，教材的文字信息完成了向学生心意信息的转化，教师是两者转化之间的沟通纽带。

教师与学生之间教材知识信息的传递达到同性同息共鸣情况下是最好的状态。在课堂教学中，意识场的影响使教师与学生之间通过以教材知识为信息传递中心所形成同一维度意识场，属于属性相同的意识场，而教师与学生之间的心意信息同样一致，在教师与学生在课堂意识场下产生同性同息状态的心意共鸣，能够有效提高课堂教学效果。

2. 课堂教学的知识心意信息的生成原理

知识意象的产生前提是对知识的理解，知识意象的形成需要对知识内涵的心意作用加以理解。

学生对教材知识的理解需要通过教师的讲解，教师对教材知识的讲解与学生对教材知识的理解形成了相同的心意活动，在此过程下，教师与学生之间心意信息的产生就是由教材知识转化而来。

意识场的物理属性较多，其最为关键的是同性同息共鸣性，通过课堂教学使教师与学生之间建立维度相同的同性场，心意信息一致的同息场，此种状态下教师与学生同性同息共鸣的产生是以教材知识为中心。

（四）知识意识流的生成环节

教材的学科知识属于学科知识的理论体系，其构建与成形主要是通过教材各章节知识点之间的条理关系通过逻辑思维综合联系。教材章节与课堂教学内容相对应，是教材知识体系中的环节之一，且每章节知识点之间具有极强的内涵关系与逻辑联系，通过将知识点之间的逻辑关系加以转化建立个人意识信息的关系，最终所形成的就是人的知识意识流。通过对知识内涵与知识点之间逻辑关系的理解，建立在人的意识活动中，生成知识意识信息是人的知识意识流的完整产生过程。

三、课堂教学规律

教师、教材、学生是课堂教学规律组成三要素，作为教学客体，需要在课堂教学中借助智能物质的物理作用生成相对应的客观规律，课堂教学规律不会因为人的主观意志产生转移，下列是对课堂教学的七条规律总结。

（一）师生互动合一律

在课堂教学中，教师与学生在教学内容的深入中围绕教材知识开展双向心意互动中产生意识场的合一规律，简称为师生互动合一律。

课堂教学的主体是教师与学生在教学内容的传递中以教学知识作为传递纽带的双向心意互动。教师与学生在相互活动作用下通过彼此之间的关注生成维度相同的意识场，并对教学内容展开共同思考从而使双方的意识波频率相同，在意识信息相同的同息场中，教师与学生在课堂教学中通过双向的心意互动，生成师生合一的且不可分割的课堂意识场。

（二）意识场叠加律

在课堂教学中，教师与学生通过教材内容将知识进行传递，在过程中所形成的相同维度使意识场在逐渐叠加中呈现加强规律，简称为意识场叠加律。

在课堂教学中，教师与学生之间通过互相关注对教材知识内容集中注意，此过程中教师与学生所产生的维度相同，频率相同，信息意识场相同，且课堂意识场中的时间与空间相同，使教师与学生之间的意识场强逐渐加强。

（三）场力作用律

在课堂教学中在意识场的多种作用下，使教师与学生之间的意识荷产生定向运动的规律简称为场力作用律。

学生作为一个智能生命体，具有一定的意识荷，在课堂教学中受到意识场的多重作用影响会使学生产生意识荷的定向作用，生成意识专注状态，作用于课堂意识场力。

（四）知识意识生成律

在课堂教学中，教师与学生产生的意识荷专注于教学知识的传递，简称为知识意识世界生成律。

课堂教学中，教师与学生之间所产生的意识信息是教材知识，不具备其他课外意识信息，学生思想意识在产生运动中全部沉浸于课堂教学中，学生的知识意识世界与教材知识相连。

（五）师生心意共鸣律

在课堂教学中，教师与学生围绕教材知识作为中心内容所产生的同性同息心意共鸣规律，称为师生心意共鸣律。

课堂教学中教师与学生通过教材知识的传递所产生的维度意识场相同，交流沟通的语调频率相同，教材知识信息的传递内容相同，在教师与学生之间所产生的同性同息的心意共鸣能够有效促进课堂教学效果的提升。

（六）知识意识流生成律

在课堂教学中，教师与学生之间通过以教材知识为中心的逻辑关系从而产生知识意识流定向运动规律，称为知识意识流生成律。

在课堂教学中，教师与学生围绕意识信息所展开的教材知识条理性通过转化形成各种知识意识流，在此状态下意识荷会随着演绎方向作定向运动。

（七）知识转化生成律

在课堂教学中，课堂开始的起点是教师与学生之间的问题产生，并以问题的解决作为终点，通过问题的产生与解决过程思路生成意识流回路，称为知识转化生成律。

课堂教学的开始是问题的提出，结束是问题的解决，此过程中意识流回路是知识的转化过程而形成。

四、课堂教学活动必须遵守课堂教学规律

教育经验论属于行为科学领域，在课堂教学实践活动中，教师需要与课堂教学规律相遵守，但是所有规律有其自身的条件适用性，课堂教学规律亦是如此，在课堂教学中，教师教学活动的顺利展开需要建立与课堂教学规律所相应的条件，在课堂教学中，教师在教学活动中不遵守课堂教学规律有两种情况：其一，是教学活动的展开与课堂教学规律成立的条件不相符；其二，是教学活动与课堂教学规律相违背。

第六节 课堂教学规律的应用

教师通过自身作为教材内容的传递桥梁，将教材知识转化为学生知识，是课堂教学的目标，但是在课堂教学中，并非所有教师都能够确保学生所获取的教材知识能够有效转化。课堂教学知识的传授过程中，知识传授效果各不相同。对于教师而言，都希望在自己的课堂教学中能够保障有效教学，但是为何会有无效课堂教学情况的出现？大多数教师从教学方法入手寻求答案，但是无效课堂的产生原因最基础的是由于教学活动没有与课堂教学规律相适应，所使用的教学方法违背了课堂教学规律。

在教育学中只有教育七原则，关于课堂教学规律的内容并没有具体阐述，在教学中教师只知道要与课堂教学规律相符合，但对于具体的课堂教学规律则不甚理解，导致教师在实际教学中无法与课堂教学规律相遵守，这种情况的产生主要有三方面情况：其一，是对课堂教学规律的认识不足；其二，是教学活动的展开无法适应课堂教学规律的成立条件；其三，是教学活动与课堂教学规律相违背。

对于教师而言，课堂教学规律的认识不足通常情况下在课堂教学中应该采取五环节方法展开教学活动，教学工作的有效展开应该以问题导向教学法为主，首

先对知识进行问题提出，之后采取有效的解决方式。在教学中教师不必过于注重教学方法的改变，应该通过自然的教学方式将自身知识技能充分体现，将教师的“真、性、情”三方面有效体现在教学日常工作中，认真对待教学活动，教材知识的讲课准备、课堂讲学、作业安排、学生知识传授、教学评价以及对学生的不足之处加以改正，通过以上多方面的认真对待，使学生在教学活动中能够自然地得到知识提高，属于自然教学法。当教师在教学活动中开始不断创新与改变，所采取的教学方式更加先进且想要取得更高的教学质量属于有为教学法。在有为教学法的应用中，教学质量的提高存在一定的几率，同样可能会有失败的风险，教学效果的提高需要教师在使用教学法时与课堂教学规律要求相遵守。

教师的课堂教学活动属于专业技能劳动，因此教学活动的展开需要教师具备一定的知识文化，同时具有一定的教学能力确保课堂教学的开展并达到课堂教学任务的要求。在课堂教学规律掌握的基础上，需要具备一定的条件创造能力，确保所构建的课堂教学规律成立条件能够与课堂教学规律相符，最终能够保障课堂教学效果的有效提高，由此可知，课堂教学的失败是因为没有遵守课堂教学规律。

一、自然教学法

教师在教学中所使用的常规法是课堂教学五环节，将常规认作自然，则教学活动的展开同样能够自然，不必受人为干扰影响，不必受人为追求改变，使一切教学顺其自然，使教学活动在自然的工作状态下展开并获取成绩。自然教学法要求课堂三要素在教学中都应该通过顺其自然的方式发生改变与发展成长，不必通过人为干扰影响改变教学方法。

在自然教学法的应用中，教师教学工作应该将教学本真充分体现，达到至真、至性、至情的工作状态，将教学知识、文化与技能在自然状态下充分体现，向学生传递知识，使学生在自然状态下学会知识取得进步。

教学工作中有许多工作经验十分丰富的教师，自身具备较好的教学技能，教学效果得到了充分的体现，并拥有良好的教学习惯，使课堂教学成为教师个人知识能力的展现平台，在教学中具备至真、至性、至情的工作状态，此种教学形式属于自然教学法。教学活动中需要顺应教学规律，并不是为了改变教学而进行改变，自然教学法并不是不求上进的教学方法，无为而无不为是自然教学法的真谛。

在自然教学法的使用中，教学效果是否能够得到有效成绩取决于教师的教学能力，教师教学能力较差则在教学中教师的个人能力无法完全体现且难以遵守课堂教学规律，则教学效果得不到提高。在自然教学法的应用中，常常会出现好中差不同的教学效果，但总体而言自然教学法的使用是有效的。

二、有为教学法

有部分教师在教学中不满足于现状，为求提高教学质量会千方百计地使用各种方法改变教学方式，在教学中通过人为改变促进发展的方式属于有为教学法。在有为教学法的应用中，其主要使用原理是根据自然规律的发展，并顺应其规律下取得成功，反之则会事与愿违导致教学失败。在有为教学法的应用中，教学效果的成功需要与课堂教学规律所要求的相符合，反之，则会导致教学失败。

有为教学法的产生是因为教师对教学现状不满足，教师在有所作为的教学使用中主要是以教育思想为依据。以下是根据不同的教育思想所产生的不同的有为教学法。

（一）追求目标的有为教学法

教师在教学中根据教学要求设立教学目标，将教学活动意识指向教学目标，使教学目标成为了教学工作的主要内容，具备较强的改变意识，此种状态属于追求目标的有为教学法。

教学目标的设立需要付出极大的努力，但是在过程中过于注重教学目标的实现而忽略了教学方法的使用，一旦教学方法与教学规律相违背，则教学目标无法得到有效实现。

（二）贯彻教学理念的有为教学法

教学理念是以教师对教学的认识为基础，从而生成对教学行为进行主导的主观意识。意识场是具有多重维度的意识空间，课堂教学理念的选择是意识场的维度取向，教学理念有为教学法的实施中，教师完成教学目标需要以对理念的取向选择意识场维度为基础。

（三）以问题为导向的有为教学法

在课堂教学过程中会有多种教学问题的产生，教师在教学中需要想方设法地为学生解决问题，提高教学质量，这个过程是教师有为意识下的追求改变。

教师对课堂教学规律的认知不足，教学问题的出现说明了教学活动与课堂教学规律相违背。当找到了针对问题的有效解决方法，则肯定是因为与课堂教学规律要求相符而获得了教学成功。如果教师在教学中一味追求教学改变但是没有有效解决教学问题，则教师在教学中所使用的教学方法与课堂教学规律相违背。

（四）学习教学经验的有为教学法

教师通过借鉴与学习他人成功的教学经验产生改变是有所作为的改变，此种情况下的有为教学法具有成功的学习教学经验。

教师在教学中成功经验的有效借鉴需要以教师的专业知识素养与教学技能作为基础条件，具有个体适用性，通过他人教学经验的学习与借鉴，首先需要环境条件与经验成功需求相满足，他人通过教学方法的使用能够取得教学成功，但是通过采用教学方法经验则存在一定的教学风险，因此，在使用学习教学经验的有为教学法过程中，需要注重经验成功的前提条件。

（五）应用教学理论的有为教学法

通过应用教学理论对课堂教学实践进行指导属于理论指导实践的有为教学法。

理论具有条件适用性，但是在课堂教学中有活动个性，个性需要与理论相适应才能够取得教学成功。

三、课堂教学七条规律在教学上的应用

课堂教学规律的理论基础是智能体物理学，属于物本理论。规律总结需要通过教师与学生之间意识场物质介质进行知识传递。人需要意识荷作为物质基础支撑所有智能活动的进行，及时课堂教学也同样如此。在课堂教学中，知识的有效传递需要通过意识场的物理介质作为传输渠道，应该与意识荷的运动变化规律相遵守，所形成的是课堂教学规律。

（一）课堂的师生互动合一规律在教学中的应用

在课堂教学中，教师与学生通过教材知识内容产生双向心意互动生成意识，形成融化合一规律。

师生互动合一规律对教学工作的目标进行了规范化指导，在课堂教学中需要将意识场互动合一贯彻落实，并对教学工作方向进行了详细规定，在课堂中教师与学生意识活动需要以教材知识内容为主。

1. 师生互动合一规律的意义

教学主体合成中形成了师生互动合一，成为了课堂教学活动的主体。课堂教学中，课堂教学主体的生成必要条件是教师与学生之间意识场的相互融合。心意互动合一规律能够对教师与学生之间的相互关注所产生的课堂意识行为进行规范。

2. 师生互动合一规律成立的条件

教师与学生在课堂教学中通过互相意识行为的产生，达到心意相通与信息互动的目的，从而生成同性同息的师生意识场融合整体。

教师在课堂中对学生加以关注并认真讲课，学生对教师行为与知识传递进行

关注并认真听课，教师与学生在相互关注的意识行为下产生意识场的相互融合状态。

教师专心于所要讲授的教材内容，学生对教师所传授的知识内容进行理解，通过相互关注生成相同的频率，相同的意识信息的师生意识场。

教师专心于知识话题的讲述，学生对教师所讲述的话题同样专注，从而形成维度相同的师生意识场。

3. 课堂教学中与师生互动合作规律相违背的现象

课堂教学中教师讲授学生不学，或者学生学习教师不讲等情况都属于单边课堂，而单边课堂的产生与师生互动合一规律相违背。

学生对教师所讲授的知识不能理解，无法将知识转化为有效的意识信息，教师与学生之间不产生互动。

教师与学生在课堂教学中存在分散行为导致维度多，无法形成合一意识场。

学生对教师所讲不理解，教师与学生之间的信息传递无法形成，则学生课堂意识场无法生成。

4. 遵守师生互动合一规律的教学方法

在课堂教学中，教师通过自身对教材知识的理解，建立课堂知识意识场，以此为基础对学生进行知识理解的思考，是学生同时建立相关知识意识场，在此过程中，教师与学生之间通过意识信息的能量因子产生同性同息共振，此时，教师作为教材知识与学生知识之间的传输介质完成知识转化。

教师在课堂教学中会有意识场的产生，通过连续的意念力作用，在课堂空间中能够生成较大的意识势能分布，在此作用下学生无形中将自身注意力专注于课堂中，形成教师与学生之间同性同息的意识场叠加，生成知识的同性同息共振，确保知识有效传递的完成。

教师讲课准备充分，教材内容讲述具有条理性，以此教师在意识场中能够形成具有条理性的信息切换，此状态下教师与学生之间的知识意识的同性同息共振记忆产生。

教师讲课过程中心意随着声音产生，声音波动引导心意相随，以此提高课堂中教师与学生之间心意相连的功效，能够促进学生知识信息意识场的建立，以此确保教师与学生之间和谐共振的效果。

在课堂中，教师通过课堂讲述，学生将知识接受，以此形成教师与学生之间的课堂意识场，教师与学生之间通过信息交流的转化生成心意信息，教师与学生之间通过教材知识内容形成心灵互动，生成课堂教学活动整体。

课堂教学的主体是教师与学生通过以教学知识为传输介质，所产生的双向心意互动。教师与学生通过相互之间的意识行为生成相同的维度意识场，对教学内容的共同思考生成相同的意识波频率与相同意识信息的同息场，在课堂教学中，教师与学生通过双方心意行为的互动，产生意识合一、无法切割的课堂意识场。

（二）课堂意识场的加强规律在教学上的应用

在课堂教学中，教师与学生之间产生相同的意识场维度叠加生成叠加加强规律。

意识场叠加加强规律对教学工作目标进行了规范指导，在教师与学生课堂教学中需要将相同维度意识场叠加状态下贯彻中等场强，并对课堂教学中教师与学生应该以教学内容为中心，对相同的维度意识场进行了规定。

教材知识内容是教师与学生共同关注的意识取向，教师与学生在课堂教学中通过心意行为意识形成维度相同的意识场，师生之间意识场是相同时间与空间下的意识场叠加，使意识场的场强逐渐加强。

1. 意识场叠加加强规律的意义

意识荷属于智能物质，在课堂空间中，教师通过教材知识传递形成心意活动从而生成意识场，学生通过接受教材知识形成心意活动生成意识场，当教师与学生处于相同的空间与时间中，意识场的叠加使得场强不断增加，提高了智能活动的物质基础，促进教师与学生之间智能活动的更好进行。

2. 意识场叠加加强规律成立的条件

在课堂空间中，意识场做时空一致的同步叠加。

教师与学生在课堂中通过意识波所产生的信息、频率等同步作用，当教师与学生意识场相互叠加时波峰波谷得到增强。

意识场具有相同的维度，教师与学生在课堂中共同专注于同一话题。

教师与学生之间的心意作用通过相互激发使心意处于兴奋状态。

3. 与意识场叠加加强规律相违背的课堂现象

课堂意识场中存在多维度、多话题、注意力分散等情况的课堂无法产生同性意识场的叠加。

课堂教学中，教师讲授速度过快，教授内容过多等情况会使师生之间的意识活动存在不同步的现象，则学生无法与教师进行同步思考，对教材内容理解不足难以生成学生意识场。

教师无法有效激发学生的心意脉动，学生思维难以唤醒，导致学生意识场无法生成叠加状态。

4. 遵守师生意识场叠加加强规律的教学方法

教师在课堂中专注于教材内容的讲授，声音随着心意发生，通过教材知识内容的专心生成课堂意识场，形成教学意境；学生专注于课堂，专心学习教材内容建立同性同息意识场，与教师的教学意境相融合；当此状态形成时，教师意识场与学生的意识场属性相同，频率、信息等意识因素处于相同状态下通过相互叠加作用是场强不断增大，生成具有大场强、大场力的课堂意识场。

在课堂教学中教师与学生的关注物相同，专注力相等，以此生成相同维度、相同频率以及相同信息的意识场，课堂意识场的生成是在时空一致的师生意识场叠加而得，意识场在叠加状态下，场强得到不断的增强。

（三）课堂意识场力作用规律在教学上的应用

在课堂教学中，受意识场的场强、场力、势差等对师生的作用产生意识荷定向运动规律。

场力作用规律对教学工作目标加以规范，在课堂教学中教师与学生需要将根据场力方向做意识定向运动贯彻，并对教学工作方向加以规定，需要在课堂中根据教师与学生的意识活动展开教学活动。

学生作为智能生命体，具有意识荷，在课堂意识场的场强、场力与势差的作用下会产生意识荷的定向运动，在此状态下学生能够更好地专注于课堂教学活动。

1. 课堂意识场力作用规律的意义

群体与个体就注意力方面存在较大差异，个体的注意力集中只能依靠于个人意念，但是群体的注意力集中能够通过场力作用影响。课堂教学活动属于群体活动，班级全部同学一致专心听讲会在无形中成为自然状态，这种情况的产生是因为受到了课堂意识场的场力作用。

2. 课堂意识场力作用规律成立的条件

意念作用的连续性会对意识场产生加强作用，生成场强、场力、势差的物理作用。

3. 违背课堂意识场力作用规律的一些课堂现象

在课堂教学中，教师讲课不用心，学生听课不专心，则课堂所产生的意念力作用不强，所生成的意识场较弱，场力同样弱小。

教师教材知识讲授没有条理性所产生的心意作用同样不具有条理性，则意识场的范围度无法持续增强。

教师在讲课中经常插入与教学无关的话题，对学生的意识力持续作用形成破坏，意识场无法持续增强。

4. 遵守课堂意识场力作用规律的教学方法

意识场自身具有多维度性，在课堂意识场中，教师需要与学生处于相同的维度，因此教学的开展中教师应该与学生关注于同一知识内容，对同一话题进行共同思考，讲课专心、听课认真是课堂意识活动取向的基本要求。

教师与学生之间的意识活动取向在保持一致的情况下应该维持整堂课，以确保课堂意识场作用的持续生成与逐渐增强，生成课堂强场作用。

中等强度的意识场属于智慧场，在此状态下学生适合进行思维活动。弱场中的智能物质含量少，无法对教师与学生的智能活动展开提供保障，场强过大则会使学生受到强场力作用，此时意识荷作单向运动，无法进行思考活动的波动，则课堂思维活动无法展开。

通过中等强度意识场的建立能够使学生不仅具备了智能活动物资，更可以在意识场中展开思维活动，专注于听课，促进思考，学会知识。

当在中等强度的课堂意识场中，学生的维度单一化，能够专心听课并对课堂意识场中的场强、场力以及势差等物理作用进行感受，这种情况的产生是因为学生在专心听课中无形中受到了物理作用。

学生作为智能生命体具有意识荷，在课堂中会受到课堂意识场的场强、场力、势差等作用形成意识荷的定向作用，生成意识专注，专注听课的课堂意识场力作用。

（四）学生知识意识世界的生成规律在教学中的应用

在课堂教学中，教师与学生专注于教材知识产生的知识意识世界生成规律。

在教学中学生通过知识意识世界的生成规律对教学课堂中的教学工作目标与教学活动进行了规范化的指导，教师与学生需要将知识意识世界贯彻在教学活动中，并对教学活动进行了规定引导，教师与学生需要专注于教学内容，将所有对教学产生影响的外部干扰排除出工作方向。

在课堂教学中，课堂意识场下所产生的意识信息属于教材知识与学习内容，不包含其他的课外意识信息，学生的思想意识应该全部沉浸于课堂教学中，教材知识应该成为学生意识世界的全部内容。

1. 学生知识意识世界生成规律的意义

意识世界中的意识状态处于高度专注，当人将全部意识专注于一种意识信息时，则会成为他心灵的全部。在课堂教学中，知识意识世界的产生是教师与学生共同集中专注于教学内容与知识学习，使其成为教师与学生心灵世界的全部内容，以此形成的意识状态。

在课堂教学中，当教师与学生共同专注于知识状态时，会在课堂教学中处于忘我状态，以此产生知识意识世界。

2. 学生知识意识世界生成规律成立的条件

随着课堂教学的发生，教师与学生构建了维度单一化且场强适中的课堂意识场，在场力作用下教师与学生会在无形中收讫影响沉浸于课堂。

课堂中的教学信息会将教师与学生的心灵全部占据，成为教师与学生的全部。

3. 与学生知识意识世界生成规律相违背的课堂现象

课堂意识场的场力较弱会使学生注意力无法集中，在课堂中思考与产生一些与课堂教学无关的思想信息。

课堂意识场中所产生的维度多样化，课堂教学话题不断转变会使学生产生多种信息。

课堂教学持续性被破坏会使学生的专心学习状态受到影响。

4. 遵守学生知识意识世界生成规律的教学方法

知识意识世界中的仪式活动状态是具有排他性、独占性与专注性的。当知识占据学生的全部意识空间中，学生会忘掉知识意识外的所有活动，学生处于忘我状态，则学生一心处于知识的意识世界中。

学生在主观意志下主动参加课堂教学活动，会逐渐与课堂学习状态相融合，使学生逐渐与知识意识世界状态相融合。

学生在教学活动中受到意识场力的定向作用会不知不觉地进入课堂教学活动状态与知识意识世界状态。

将课堂教学意识场构建并加强能够对学生的场力产生作用，有利于学生极快地进入课堂教学状态与知识意识状态。

当学生在教学活动中处于忘我的知识意识状态时，学生对教学的感受是一种精神享受，在知识的意识状态中对知识进行感受。

课堂教学中所产生的所有意识信息都源自教材知识内容，不包含其他的课外意识信息，此时学生的全部意识同样沉浸于课堂教学中，教材知识成为了学生知识意识世界的全部内容。

第三章　小学教育课程创新

第一节　课程结构创新

一、课程结构的含义

结构，是指组成整体事物各个部分之间的搭配、组合。课程结构，顾名思义就是课程各环节的组合安排，对课程各部分之间的关系如何有效的联系组成的问题。课程结构概念指出了课程结构形成的两个要点：其一，是“课程的各组成部分”；其二，是各组成部分之间的“关系”。

课程结构的特性是一定课程价值取向与课程目标结合的产物，对科目的具体内容与课程类型在课程体系中的比例关系进行了确定。

课程价值体现为：课程在学生教学中起到了发展功效。对学生的发展而言，课程类型不同则教育价值各不相同，而课程类型的不同是根据相应的逻辑范畴所产生的，当课程类型处于同一逻辑范畴中，则课程关系则属于逻辑对立关系，但在价值关系中属于互补。因此，在课程的建设与改革过程中，对课程结构的选择与组合排列是极为重视的。对课程结构的调整是对课程的再次认识与确立过程，主要对课程类型、科目以及科目内容等价值体系与地位作用的确立。

二、新课程中课程结构的性质

在过去的基础教育课程结构中，存在一定的问题：其一，课程机构过于强调学科本位，教学内容与依据是以学科课程为主，教材的提供对学科知识的逻辑系统过于注重。在教学中教师受到课程结构设置的影响对学生的能力以及需求造成忽视，学习方式与教学方式过于单一，无法将社会生活与学生经验充分联系，在教学中学以致用的能力无法得到培养，同时会形成重记忆轻理解的教学现象，对学生的自主性造成严重的影响。其二，科目过多，将课程的门类分化过细，无法将学科之间的联系明显突出，更加容易导致割裂情况，同时会造成学科之间的教学体系完成性出现重复，学生在学习中精力难以集中，学习负担过重无法有效学习。其三，各部分课程之间缺乏整合。世界作为客观的有机整体，学科之间存在紧密的关系，在当前的社会生活中有大量现实问题的存在是跨学科的，因此课程结构需要与时代特点相结合，对学科知识进行整合。但是现阶段的课程结构之间缺少联系，整合程度存在一定的问题。

《基础教育课程改革纲要（试行）》对课程结构进行了改革，并针对现状提出了具体的改革目标：对课程结构中对学科本位的重视以及科目过多整合问题的存在等现状进行改革，对课程门类与课时比例等内容进行整体设置，以及综合课程的设置，以满足不同地区学生对教学发展的需求。

在新课程的培养目标中，应该以人为发展之根，对学生的主观能动性加以促进，确保各项基础素质的综合发展，将学生的价值充分体现，使学生成为具有价值的人。在新课程结构创新过程中，教育基础的创新是对课程均衡性、综合性与选择性的保持。

（一）均衡性

课程结构的均衡性：在学校课程设置中，课程体系的安排需要根据课程的类型、科目内容与课程方面等形成适当的组合比重。课程比重需要通过学科科目的课时比例所体现，适当的比重是对学生综合发展的重要影响因素与主要衡量标准。课程均衡性原则对新基础教育课程体系进行了详细的要求，需要将课程的类型全面包括，以及将学生自身发展所联系的科目综合配比，使其形成适合的科目比重关系。

课程结构的均衡性主要体现在以下三个方面：

（1）课程类型的均衡化。新的课程结构对以往课程状况进行了改变，以往课程结构设置过于注重国家课程、分科课程与必须课程。当经过改变之后，课程结构适当增加了地方课程、校本课程、综合课程与选修课程的比重。例如，在以往教学中，语文学科作为优势学科，将其课时比例从原来的25%下调至21%～23%，数学学科从原来的18%下调至11%～13%，通过课时下调之后所累积的课时通过适当比重分配对综合实践课程与地方课程与校本课程进行了一定的增加，将综合实践课程在教学中的课时比例上调至7%～9%，地方课程与校本课程在教学中的总课时占比为11%～13%，以此达到了课程类型多样化和均衡化的目标实现。

（2）科目设置的均衡化。除了将下调后的课时适当配比给以上不同类型的课程之外，同时还可以将其分配给其他新开科目。例如，新课程教学实施以来，英语科目的开课时间提前至小学三年级，在一定程度上需要对英语科目的总课时进行增加，以及信息技术课的增加都需要对学科的课时配比进行适当均衡。

（3）课程内容结构的均衡性。在教学中，课程内容的设置过于烦琐、重复，对学科知识体系的状况过于重视。在新课程实施中，提出了对课程内容机构的优化与均衡。首先，将传统课程中难以理解的部分进行适当的删减与补充，将课程内容更新为简洁明了且具有条理性的结构。其次，教学课程内容增加和学生现实成长中相关事务，将课程内容更加具体化与实际化。新课程的课程内容结构将学科体系与生活现实全面覆盖，以此使课程内容更加均衡，促进学生全面均衡的发展。

值得注意的是，在课程结构中，“均衡性”不是单指课程课时与内容的平均配比，更是对各类课程、科目与知识所特有的教育价值的注重，对学生身心全面发展的重视。通过对课时进行均衡分配，对学生的整体发展提供保障，使学生的个性发展具有一定的完整性，以此促进学生身心的综合发展与对社会适应性的提升。

（二）综合性

课程结构的综合性：将学校原有的课程根据其内在的价值与逻辑进行统一整合与开发，通过多种综合类型的课程添加达到课程的综合化发展。

课程结构的综合性提出是根据课程中所存在的问题所提出的，其主要体现在下列三个方面：

（1）加强学科的综合性。在当前的学科教学中仍有以单门学科形式出现的课程，需要将其与现实生活和其他学科之间进行适当的联系强化。对一门学科而言，在教学中需要将学科知识与学生生活经验相联系；对于不能同的学科而言，在教学中需要对学科之间的联系加以重视，通过相互之间的互补性提高学科知识的综合性。新课程结构的重组对学科之间的知识联系、社会生活以及学生生活中的实际经验三者进行了全方面的整体结合，对学科之间的渗透性与相互影响不断加强，以此作为改变课程结构中不足现象的基础。

（2）设置综合课程。综合课程的设置是将所有课程之间结构综合性的整体体现。在课程改革中，不仅需要对课程之间的综合性加以提高，同时对小学课程的设置进行了规定，不同于初中与高中教学中有针对性的课程设置，在小学的课程结构设置中应该以综合课程为主，主动对学生进行综合性的培养。因此，在课程设置中，综合课程与分科课程的配比设置主要是根据学校的教育层次随之变化的。根据教育发展对课程进行适当的调整是与儿童认知发展规律相符合的，更是与我国的实际教育情况相符合，尤其是当前我国师资队伍的建设状况。在课程设置的过程中，处于对以上多种实际情况的考虑，课程结构的调整与制定更加倾向于对综合课程与分科课程的整体化整合形式，以求更好地与大部分地区教育情况相适应。在设置综合性的课程结构中，根据原有的课程设置进行了整体调整，如将物理、化学等学科整合为科学，地理、历史等学科则被整合为历史与社会，又比如，美术与音乐科目被整合为艺术，整合后所形成的科目则属于综合课程；除此之外，根据当前素质教育的教学要求对课程实践进行了适当的增加，为学生制定了科目合一的综合实践活动。由此可见，在基础教育的创新基础之上，课程结构的设置更加侧重于对综合课程的设置与规划，使其成为学校课程体系建设的重要组成部分。

(3) 增设综合实践活动。由上文可知，综合实践活动课程的设置是一门具有高度综合性的课程，是教育创新中的重要内容。在此基础上，需要根据学生的实践能力与实际开展情况进行更为详细的细节制定，综合实践活动从本质上讲，更加侧重于生活实践而非专业的学科领域，是以学生的基础生活与生存经验为基础，通过将学生生活与社会发展以及学科知识相联系所形成的实践课程，是对教学知识综合运用的课程。学生作为综合实践活动课程的教学起点，在教学中需要学生根据自身经验发现问题，并根据自身经验对问题进行解决。

(三) 选择性

我国义务教育的开展已经具有多年的实践经验，在过程中需要根据实际情况对课程结构的设置进行适当的选择，根据课程所要实际实施的情况与学校的教学发展所存在的差异进行选择。课程结构本身所具有的选择性对课程的设置提供了更为灵活的运用，在实际制定与改善的过程中，课程结构的设置具有较大的灵活性，能够根据学校的课程教育情况以及当地社会发展的实际需求进行改变，以求能够将学校的办学宗旨与办学方向通过特色化的课程设置充分体现，促进学生个性化差异的更好发展。由此可见，课程结构的选择性在运用中主要与各教育部门、学校人员以及学生相关联，根据学生对课程的需求、教育改变对学生以及学校与地方发展所能提供的课程作为选择标准。

以下是课程机构选择性的主要体现内容：

(1) 在新课程的实施中，将国家课程在学校课程体系中的占比适当减少。在义务教育过程中，对国家课程适当减少了10%~12%的课时量，将其均衡配比给地方课程与校本课程，增加其在实际学校教学中的开发与实施，以此构建国家课程、地方课程与校本课程三重教育课程在教学中并行的教育结构。这种课程结构的设置不仅能够提高地方课程与校本课程在课程整体结构中的实施与开发，促进其实际教学中的主动性，更能够确保学校教育课程多样化的有效实现，将课程的地方特色与学校的办学特色充分体现。

(2) 课程结构的选择性同样在国家课程的变化性中有所体现：在课程类型方面，国家教育部门为教学课程的设置提供了相关的多种选择方案，为地方与学校的发展提供了多种实际需求，例如，在课程计划设置中，对课程的综合与分科性进行了适当的调整，在确保综合课程在多数的学校教育中能够得到有效的实施的同时，更提倡与鼓励学校和地方根据自身发展情况设置分科课程，以此构建具有自身特色的教育课程计划；在课时比例方面，国家教育部门对实际课程课时配比规定相应的范围为地方与学校提供最大程度的可选择情况，例如，在义务教育过程中，课程计划的制定对课时比例的规划存在一定的模糊，实际规定数量不明确，只是将大致范围进行了规定，如在语文课程的课时比例安排时，将其规定为21%~24%，数学的课时比例则规定为10%~14%，而地方课程、综合实践课程以及校本课程的课时设置总体占整体的18%~22%；在课程内容方面，国家教育部门对教育课程的标准进行制定，对课程内容的基本需求提供保障，在此基础上，采取“一纲多本”的教育方式，在课程内容的设置中能够采取多种的选择与运用。这是由于在教育中所实施的对象是具有个性差异的学生，教育的开展实际上是为了培养每一位学生的个性与能力，促进其身心的综合发展，因此，在课程结构的最终选择方面，需要与每一位学生的个性差异相结合，为学生整体发展提供保障，由此可知，在教育过程中，课程结构的制定与建设需要地方、学校与国家三者的共同努力。

在课程设置中，课程结构的多种性质是缺一不可的，在实际制定中需要根据课程结构的实际运用情况对其进行适当的调整，避免由于特征缺失对课程的综合性产生影响出现片面化与失衡情况。在21世纪背景下发展的各国家基础教育中，应该与课程结构的实际发展情况相结合，在马克思的相关理论中，有针对人的全面发展的学说，随着时代的发展需求，人才的培养与素质的培育需要与当代各个国家的实际发展情况相符合，不能只针对某一侧面展开，应该促进人才在德、智、体、美、劳全方位的综合发展。新课程结构的设置与我国21世纪人才发展需求相符合，满足21世纪社会发展需求，能够对每一位学生的全面发展与个性化特征的培养达到良好的发展目标，是学生在全面发展的基础上能够具有自身特征，两者在相互促进、相互影响下将当代社会“以人为本”的教育理念的科学性与时代性充分体现。

表3-1是对义务教育中课程结构计划的设置方案的前后对比，以此作为理论依据，对课程改革中结构特点展开深入的分析。

表3-1　2016年义务教育课程设置方案

年级	一	二	三	四	五	六	七	八	九	九年课时总计（占比）
课程门类	品德与生活	品德与生活	品德与社会	品德与社会	品德与社会	品德与社会	思想品德	思想品德	思想品德	7%~9%
							历史与社会（或选择历史、地理）			3%~4%
			科学	科学	科学	科学	科学（或选择生物、物理、化学）			7%~9%
	语文	语文	语文	语文	语文	语文	语文	语文	语文	20%~22%
	数学	数学	数学	数学	数学	数学	数学	数学	数学	13%~15%

续表 3-1

年级	一	二	三	四	五	六	七	八	九	九年课时总计（占比）
课程门类			外语	外语	外语	外语	外语	外语	外语	6%~8%
	体育	体育	体育	体育	体育	体育	体育与健康	体育与健康	体育与健康	10%~11%
	艺术（或选择音乐、美术）									9%~11%
			综合实践活动							16%~20%
	地方与学校编制的课程									
周总课时数	26	26	30	30	30	30	34	34	34	274
学年总课时	910	910	1050	1050	1050	1050	1190	1190	1122	9522

（1）义务教育阶段课程的整体设计。在以往的课程计划中，小学与中学的课程设计所采用的方法都是分段设计，在教学中分段设计的课程在实施阶段会存在一定的不足之处，导致学制之间无法有效衔接与整体性的规划。新课程计划的提出对九年义务教育的课程制定采取了统一规划，主要有弹性课时、课程类型自由组合等方式，对地方课程与校本课程进行适当的添加，以此提高课程的灵活性与适应性，确保改善之后的课程计划能够更好地服务更多的学校发展需求。

（2）整合课程门类。在新课程结构的设置中，需要通过多种综合课程的设置对分类过细的学科进行门类整合。在以往的课程结构计划中，课程结构的设置过于细分化，例如，在小学一二年级的学科学习中，课程数目达到七门，分别是语文、数学、音乐、美术、体育、自然、思想道德。但是经过新课程计划的改善与整合，将小学一二年级的学科整合为五门课，分别是语文、数学、艺术、体育、品德与社会。又例如，在小学较高年级的教学中课程的设置一般在九门课，其中还有另外添加的外语课程教育，但是经过新课程计划的完善之后，最终在小学的高年级学习中只有七门课程的学习内容，由此可知，所谓课程门类的整合，知识对教学中，属性相同的课程通过减少或融合的形式，将原有的教育课程适当体征，加强课程的综合性。在小学阶段，通过课程门类的整合最终所得到的综合性课程有品德与生活、品德与社会等，由此可知，在教学中，学生课程知识的获取并不是取决于课程数目的多少，而是侧重于对课程知识的综合涵盖，在新课程的计划与完善中，通过对课程门类的整合，最终所形成的学科具有极强的综合性，能够将学科之间的互联性与联系性大大增强，以此形成学科之间相互影响的作用，以此提高课程教学对学生整体人文科学素养的培育。

（3）增设了综合实践活动课。活动课程的设立起源于 1992 年国家首次课程计划。对于活动课程的设立，其主要目的与实践课程的设立目标相同，通过多种活动形式内容提高学生的整体实践能力。在新课程计划中，综合实践活动的展开是在以往活动课程的基础之上展开的更为全面的综合化实践课程，通过将学生所要掌握的理论知识课程与实践课程相结合，提高学生的实际操作能力。在当前的综合实践活动课程设计中，根据学生在时代发展下需要掌握与学会的需求，将其分为四大实践领域：信息技术教育，即学生对计算机互联网技术的操作与实践；社区生活服务与社会实践，即对学生适应社会发展能力的培养；以及劳动与技术教育，对学生动手能力与良好劳育的培养。

（4）课时占比调整，对各门类课程的比重进行适当均衡。经过新课程计划对课程结构的调整，将新实行的课程计划与以往的课程计划相比，在课时方面存在一定的差异，整体的课程占比调整较大：在以往的课程教育中，九年义务教育的总课时量为 10162，经过调整后变成了 522，整体改变了 640 节课时量；在小学阶段的课程教育中，原有的一周课时量平均为 32 节，调整过后为 28 节；并且针对各门类课程的整体课时量同时进行了适当的调整。如，在以往的义务教育中，语文、数学作为教学“主科”，在新课程计划的调整后，平均减少了 200～300 的课时量；外语作为小学三年级开始必须学习的“主科”科目之一，获得了一定的课时配比，能够将时代的发展充分反映，作为社会需要的科目，在教学中的占比应该适当增加；不仅如此，对于实践活动课程与地方课程以及校本课程的课时量同样给予了适当的上调，经过此番调整与改变，在小学教育中，各门类课程的课时占比总体上得到了一定的平衡，有利于促进学生的综合发展。

（5）增加了课程的选择性。通过新课程计划所体现出的内容可以发现，经过调整之后的课程在课时数方面具有很大的弹性化，对于多数的科目课时设置并没有设定具体的数字，只是给出了大致的设定范围，同时根据综合课程的特征适当提供了可以互补与替换的课程，为地方与学校提供极大的可选择的权利，除此之外，更是为学校与地方教育在课程设置中保留了极大的开发空间，对于地方与学校在特色课程的设置上给予了极大的支持，更是为学生的学习提供了更多的选择机会。

第二节　课程标准创新

一、课程标准的概述

如果将基础教育改革的核心认知为课程改革，那么，在整个基础教育中课程改革作为其核心，课程标准则是课程改革的主要核心内容。当对基础教育进行一定的改变时则需要对其课程结构设置进行一定的改变与重组，此时会为课程的改变提供一套新的课程标准，而新课程标准的提出则会引发一系列“基于标准的改革”或“标准驱动的改革”。在现阶段的基础教育改革中，教育界正在面临着标准驱动或基于标准的难题，“课程标准”和“基于课程标准的教学”。当前一些发达国家将课程标准的编制作为教育改革与创新的基础，通过改革创新所得的标准在实际教育中的实施，以此带动教育的整体发展。因此，在教育发展中，课程标准的设置需要能够将时代精神与社会发展需求充分体现，以此对教育起到积极作用。在当前的教育领域发展中，对课程标准的充分理解与认识、与对课程标准意识的准确树立，并作为执行标准是极为重要的研究内容。

在我国当前的教育实践与创新的发展中，随着《基础教育课程改革纲要（试行）》和教育课程标准的大力推广与实施，是社会各界在不知不觉中成为了“基础教育课程标准创新与改革”发展中的一部分影响因素。

在针对教育课程标准的创新与改革中，对于教师而言，需要具备一定的“标准意识”，即对课程的标准设置应该具备敏感度与自觉性；还需要具备一定的行动力，以改革创新的课程标准作为行动基础，在课堂教育中通过对课程标准的正确理解，将标准充分体现。

二、课程标准的概念

随着时代的发展改变，在当前的课程改革中，制定了第一套课程标准，以此成为最大的发展特点，并作为教学大纲的取代品对课程教学进行更为详细的指导。

在《现代汉语词典》中，针对“标准”一词的解释如下：“①对事物衡量的准则；②本身属于准则，能够为相同属性的事物提供一定的比较物。”在《辞海》中，针对“标准”一词的解释如下：“①对事物衡量的准则；②引申为榜样、规范。”在教育发展中，根据“课程标准”的字面意思，其中的“标准”一词意思应该是“对事物的衡量准则”之意，即对于课程相关的事物进行横梁的准则。例如，对课程计划设置、课程方案制定、课程实施效果以及课程教学评价与教材使用等内容的衡量准则。

课程标准属于国家在教育中所制定的纲领性文件，是对一所学校在教学中的课程教育水平的确定以及对课程结构与课程模式的制定。当学生在学校接受过一段时间的教育之后，国家需要对其进行一定的成果描述，最终所形成的被称为课程标准，不仅如此，课程标准同时还是国家教育活动在开展到一定的阶段或发展到一定程度的情况下对质量的具体要求指标，在一定程度上课程标准具有法律性质。

在文件《基础教育课程改革纲要（试行）》中，对课程标准明确指出：再教育发展中，教学活动中所使用的教材等相关的教学活动都需要以国家课程标准作为开展依据，国家所制定的课程标准是对教育活动中国家管理方式与课程效果评价的基础。课程标准应对学生的整体内容进行具体的要求与规定，并根据学生的实际受教育程度与教育发展水平对教学课程进行详细的制定与规划。由此可见，在我国的基础教育中，国家课程标准的制定与框架的规范化实施是一个系统且烦琐的工程，具有重要的发展意义，对其深度的研究与分析，根据其实际实施特征进行全面的研究是极为重要的。

三、课程标准的特征

就课程标准而言，其特征研究应该从以下方面作为切入点：

（1）课程标准是当学生在学校接受一定的教育教学活动之后，对其学习结果与教学成果的行为描述，并非是对教学活动中课堂内容的具体规定。

（2）课程标准是国家在开展教育活动中，对某一特定教学时期教学要求的统一制定与规划，并非是教学活动总的最高教学要求。

（3）根据课程标准对学生的教学成果进行描述的过程中，需要将学生学习结果行为描述的具体、详细、且能够被理解与使用的，使其成为有效的教学评价信息。

（4）课程标准的制定对其自身的定位充分展现，在教学活动中教师并非是根据教科书所展开的教学活动，应该是教学方案的与教学课程的设计者与开发者，在教学过程中的教学状态应该是根据教学书与学生情况进行教学，并非是一成不变的照本宣科。

（5）课程标准制定范围不仅是对教学中学生课程知识与课程实践技能的要求规定，更是对学生在教学中所体现出的个性化特征进行适当的规范。

四、课程标准的结构框架

课程标准结构框架：在教学中，根据教学课程标准的要求所形成的一系列的课程标准格式。课程标准的结构框架主要是对国家在教育过程中对学生学习成果描述方式的规范。

以下是课程标准中所含的构成要素与要素内容的分析研究：

（1）前言。课程标准中前言的设置是将课程的所有特点以及对课程的性质与价值等功能性进行详细充分的描述，将学科课程在基础教育中改革的基本理念准确定位与精准诠释，通过详细的说明将课程标准的设计思路加以说明，确保在使用中能够为读者提供详细的指导以及对本学科的整体把握。

以义务教育中的信息技术学科为例，课程标准明确了信息技术学科在小学教育中的教学任务与教学目标。信息技术作为 21 世纪之后迅猛发展的科学技术，在当前社会发展中是人才培养与发展的必备能力，信息技术主要是指对计算机的使用。随着义务教育中素质教育理念的逐渐加强，对学生信息技术学科的重视度也随之增加。

小学信息技术课程的开设是为了满足社会发展对人才的基本需求，在教学中的主要任务是：针对学生的信息技术能力与学习兴趣加以培养，帮助学生对信息技术的基本知识与操作达到基本使用水平，并对信息技术的实际发展与未来在人类生活中使用的影响进行基本的了解与掌握。

在信息技术的学习中，使学生能够通过基本操作知识与理论的学习能够达到基础水平，可以在操作中提高对信息运用的能力，为学生树立正确的信息技术意识。在课程设置中，信息技术作为附属科目，在以往的课时设置中，由于受多种因素的影响，对信息技术科目课时设置以及在相关的课程标准前言中并没有对其进行详细且精准的定位与诠释，在学习中大多数时间处于放任学生肆意而为的课堂教学状态，难以确保学生能力的实际提高。

因此，在教育理论的实践创新过程中需要对其展开有效的课程完善，帮助学生正确了解与掌握信息技术课程。

（2）课程目标。即在学科教学过程中，学生通过学习应该达到的知识水平。在教育概念组成中，课程目标是教育目的所属范围内的基础概念。在教育中，教育目的作为教育活动的整体方向，是教育价值的整体体现，具有宏观与普遍化的性质。比如，在《中华人民共和国教育法》中，针对教育目标进行了具体且实际的说明。在教育活动中，其应该服务于社会主义现代化建设发展工作，教育所培养的人才需要与社会发展需求相结合。由此可知，在教育中，开展目的是为了培养适合社会发展的人才，并对人才的实际培养方向与培养内容做了明确的规定。教育活动中课程教学的价值体现是课程目标，在课程开发中，通过课程目标的设置能够确保教学活动预期目标与设定结果的达到。因此，在教学活动中设立的课程目标应该具有一定的细节性与前瞻性，在教学中是学生预期性学习结果的指导。如果将教育目的作为所有教育活动的出发点，那么课程开发与设计的出发点则是课程目标。只有目标设置正确才能够确定发展方向，课程目标的确立为教材学习内容的选择与组织提供了基本的参考标准以及为课程评价设立了基本模式。通过课程目标的确立，将我国社会在新世纪的发展方向与基础教育课程的改革指明了方向。

就学科课程目标的整体结构组成而言，课程目标在设立中呈现总分形式，教学活动的开展有总目标与分目标作为指导。

就课程目标的设定维度而言，将目标分为：知识与技能、过程与方法、情感与价值观等多种不同层次的维度。其中，课程目标将学习过程与学习方法的分割是课程改革中的鲜明特征，将以往的学习状态与现阶段的学习状态充分体现，通过课程改革，将“注重学习结果”转化为“突出学习的过程”，对学生学习过程中的学习体验以及学习方法的掌握具体化与形象化。由于在学科科目的设置中针对课程标准维度不同，则体现的分类同样存在差异，存在形态各不相同，一些科目以独立且明确的形态所出现，例如在义务教育中的体育、艺术等科目；而另外一些则是通过内容标准或总目标加以体现，例如语文课程标准、数学课程标准等。

除此之外，还有部分学科的维度是根据在学习中自身所体现出的学科特点所划分，例如，在义务教育中数学学科的课程标准是根据教学目的将其划分为四个维度，分别是：理论知识与应用技能、问题思考、问题解决、情感与态度。

从学习阶段状态而言，在教学活动中根据学生智力水平的发展状态以及对新事物的接受能力制定不同的阶段学习目标，由于学生是在不断成长的，课程目标的设立需要与当时发展相结合，因此目标的设立时暂时性的，不具备长久性，在学习过程中不能作为唯一的教学依赖，需要教师根据学生学习状况以及知识内容的改变进行适当的转化。

（3）内容标准。课程内容的设置是需要制定相应的标准。在当前的教学中，学校所使用的教材是由国家统一编写制定的，课程内容标准则应该以国家对人才发展需求为基础，与实际学科领域内容相结合，通过课程目标的确立，在教学活动中将学生在不同的学习阶段应该达到与实现的教育目标详细体现于阐述。

第三节　课程资源创新

一、课程资源的内涵

针对课程资源的解释，分为广义与狭义两种。在广义的课程资源解释中，其主要是指在教学活动中，能够帮助教师与学生达到课程目标的各种因素；而在狭义的课程资源解释中，其主要是指通过教学活动对课程所形成的直接因素来源。在课程资源的实质解释中，是指包括课程设计与开发等活动在内的所有课程实施与教学过程为实现课程目的所使用的一切资源总和。在此过程中所使用的资源包括人力资源、物力资源以及自然资源等，比如，教材教辅、教师知识能力等多种能够对课程目标的实现起到积极作用且能够提高教师专业素质与学生个性成长的所有因素。

就教学活动中所依赖的物质载体而言，课程资源具体是指在教学中所使用的教学材料。课程教学材料主要包含课程教案、课程标准内容、课程指导、教学教材与教学教辅等。在教学活动中材料自身无法直接成为课程教学的构成因素，无法作为课程的实质内容体现作用，需要在教学活动中通过教学主体对其进行利用与借鉴才能够将其价值与作用充分发挥。

不仅如此，在教学活动中所使用的课程资源并非全部都是物质性材料，课程资源中组成的最根本要素是对课程与教学材料的掌握主体——人。教学活动主体主要由教师、学生、教学活动管理者、家长等组成。教师作为课程资源的最主要组成因素，对物质性材料的掌握与运用能够将其转化为内在知识并通过教学活动将其转化为学生知识将课程资源的价值与作用发挥最优化，促进课程活动的实施与课程目标的实现。

但在教学中需要注意的是，教学活动中所接触的资源并非全部都是课程资源，所谓课程资源需要在教学活动中根据课程标准内容的确立与课堂教学目标的设置，与具体的教学内容相结合，通过教师与学生在课堂中的准确选择、并经过合理的使用以及作用的有效发挥所实现的课程目标资源才是课程资源。由此可知，课程目标的确切实现需要通过课程资源的合理开发与有效应用，并以此作为课程改革发展的基础内容与重要保障。

二、课程资源的类型

教学活动中有大量的课程资源，教师在课堂教学中通过课程资源的使用，在意识驱使下将自身所需要的资源从众多的课程资源中有效提取并加以利用，将其实际效用充分发挥才能够确保对各种课程资源运用的灵活性与准确性。在此基础上，需要对课程资源进行分类。

课程资源分类是指将教学活动中的大量课程资源根据一定的标准、原则与特征对其进行划分区别，便于在教学中能够更好地对其有所认知，在使用中能够更好地将其价值充分体现。

根据分类标准的不同，课程资源大致可以分为以下类型：

（1）根据课程资源空间分布的不同，能够将其分为校内课程资源与校外课程资源。

校内课程资源：学校中各种的场地设施与场所建设，如图书馆、实验室、运动场等；校内人文资源：以学校文化与办学特色所形成，如教师团体，学生团体、学校校风校级、班级文化等；另外还包含各种与教学相联系的活动，如社团活动、节日表演以及体育比赛等。校内课程资源是学生在教学活动中可利用的最基本的资源，能够有效达到课程目标的实现标准，促进学生个性化的综合发展。教学活动中使用课程资源需要将其价值与效用充分开发与利用，因此需要以校内课程资源为基础，做好基础工作。

通过对校内课程资源的论述可知，校外课程资源则是指除校内资源外，在校外活动中所涉及的所有资源。通过多种校外资源的深入开发与利用，作为校内资源的补充与强化，将校外课程资源通过有效利用转化为教学中能够发挥效用的教学方式，为课程设置提供强有力的保障。

（2）根据课程资源的基本性质，能够将其分为自然课程资源与社会课程资源。

我国疆域辽阔，物产丰富，地貌多样，能够作为课程资源的自然物质十分丰富。例如，在小学自然学科的教学中，用于动植物观察的标本、美术课程中自然景观的描绘等。在教学过程中，学生与自然和谐共处的发展意识是培养学生综合素养的重要组成，更是课程实施过程中将课程资源充分利用的基本理念。

而在社会课程资源的组成中，能够被开发与利用的资源同样丰富多样。例如，为促进社会教育与素质发展的公共设施：图书馆、博物馆、科技馆等都是社会课程资源的重要组成。随着社会发展的不断变化，能够运用在教学中的社会课程资源逐渐增多，是教学活动开展的有效支撑力。

(3) 教学中的课程资源由于属性不同，在教学中所呈现的方式与特性同样存在不同，根据物理特性与呈现方式的不同，将其可分为文字资源、实物资源、活动资源与信息化资源等。

文字的出现、印刷术的发展与造纸技术的提高，促进了人类文化的传播为教育教学活动的开展提供了更好的表现方式。在现代化的教育教学中，知识内容通过纸张形式组合为教材，作为知识传播的载体为人们传输思想文化，是当今世界基础教育发展的重要课程资源。

实物资源有多种表现形式：其一是自然物质，如动植物、山水土壤等；具二是人类通过生产活动所创造而得的物质，如劳动工具、交通工具等；其三是为了某一项专属活动而定制的物品，如在教育教学活动中，为促进知识的有效传播，教学器材、工具模型等成为实物课程资源，在教学中使用实物课程资源具有形象具体的特点，是教学活动中常用的课程资源。

(4) 课程资源的存在方式不同，因此可分为显性课程资源与隐性课程资源。

显性课程资源：在教学活动中所使用的资源能够被看见与直接接触，能够直接运用在教学中的课程资源。如教材教辅资料、计算机网络、自然资源与社会资源中的实物等。显性课程资源是存在的物质，在教学中能够直接被使用，具有较大的便捷性与使用价值。

隐性课程资源：在教学中资源形式的存在难以被直接使用需要通过一定的手段与方式进行开发，常以潜在方式对教育教学活动产生影响的课程资源。例如，学校的校风校纪、社会风气等。与显性课程资源相比，隐性课程资源在教学中所体现出的作用具有一定的间接性与隐蔽性等特点，无法对教学形成直接的影响内容，但是其主要价值在于其能够在无形中对教学质量起到潜移默化的作用，因此在教学活动中，教师在隐性课程资源的开发与利用过程中需要付出更多的精神与注意。

(5) 在教学活动中课程资源的不同其本身的功能特点也有所不同，可将其分为素材性课程资源与条件性课程资源。

通常情况下，素材性课程资源在教学中主要是指知识、能力、经验、学习过程与方式方法等方面的因素，通过内容特点对课程产生作用，以此作为课程的素材或者来源。而条件性课程资源主要是指对课程产生直接影响的因素，通过其特点对课程产生作用但是不会直接成为课程本身的直接资源来源，但在一定程度上，条件性课程资源会对课程的实际范围与作用水平产生决定性影响。但是两者之间并没有特别明确的区分标准，这是因为在实际生活中有大量的课程资源不仅包含课程素材更是具备了课程的条件，例如图书馆、博物馆、科技馆等。

将教学活动中的课程资源进行分类实际上是为了对教师课程资源的认知进行分类，帮助教师对课程资源有一个更好的认知；提高教师在教学中对不同的课程资源的开发能力与运用意识，帮助教师在课程资源的利用中拥有更为广阔的思考范围，以此达到有效规避教学资源使用偏差的情况。例如，在实际教学中，由于小学教育是所有知识教育的基础，在教学过程中极易出现对校内资源更为重视从而对校外资源造成忽视的情况，这种现象的产生时常伴随着多种附带性问题：对文字与实物资源的教学使用大过对活动资源与信息化资源利用，导致对学生教学的中的隐形资源造成忽略，以至于无法有效将素材性资源的作用充分发挥。我国幅员辽阔，地域之间存在较大的差距，包括经济、文化、资源等，多种因素的不同导致在教学中课程资源的分布不均衡。在此基础上，为确保学生之间个性化差异的充分发展，对于课程资源的开发与利用需要将其主观能动性充分发挥，采取因材施教与扬长避短的教学方式，以促进在教学中将学校、教师、学生与学科的个性特点充分展现。

三、课程资源的特点

在教学中，为促进教师对课程资源的有效利用与准确开发，教师需要对课程资源有一个充分的了解与认识，是其在使用中能够将课程资源对学生的教学影响充分发挥。而课程资源的特点主要包含以下几点。

（一）广泛多样性

教材是教学活动中的重要课程资源，但是课程资源并非全部都是教材，也不只存在于学校中。课程资源是将所有与学生在学习方面以及生活环境中所接触的所有能够达到课程目标的资源，其存在于学校内外的任何地方。由此可知在教学活动中的课程资源具有明显的广泛多样。课程资源的开发与利用会随着地域的变化而发生改变，在构成形式与表现形态等方面各不相同；由于文化的不同，在文化中的人所形成的价值观与道德意识思想具有独特性，因此所构成的课程资源同样存在各种不同的特性；在学校中由于学生生源的不同，其自身的文化水平与家庭背景风格方面内容同样存在 定的差别，因此在教学中学校与教师对课程资源的开发与利用同样存在差别。

（二）客观性

从本质上讲，资源属于某种物质的天然属性，是天生存在的。课程资源同样属于客观存在的事物，与学校教学中的正式课程教授相比较，课程资源存在一定的随意化与分散化，但是在教学中，课程资源是可以被开发与利用的，通过与课程目的相结合，对课程资源进行适当的选择与完善，以求能够更好地在教学中被使用。但由于在教学中主体的课程观、知识水平与操作能力以及实践经验等各方面的不同，对同一资源会受因素的影响，导致在其开发广度、深度等方面对课程教学目标的完成度存在一定的差异，这种情况的出现充分体现了课程资源的客观性，而在课程资源的实际开发与利用过程中，则是由人的主观能动性所决定。

（三）间接性

有部分的课程资源是在课程设计之前便存在的，在长期的存在中能够随时被转化为学校课程实施，但其在使用中无法作为实际的应用条件以达到课程实施与课程目的的实现。因此，课程资源具有一定的间接性的特点，自身所含的教育性在教学中的体现不如学校正式课程一般直接与鲜明，教学活动中的课程资源有时受到教育性因素与非教育性因素的双重影响，在使用中要对其进行详细的筛选或者是将其转化为适合教学活动需求的资源，才有可能达到学校课程对教学的基本条件要求。

（四）价值潜在性

在教学活动中存在多种多样的资源，通过课程的设置将其转化为课程资源为教师与学校在教学中通过因材施教与因地制宜的教学方式开发了更多的可利用空间。除此之外，在教学中课程资源的使用需要对其实际效用的开发加以注意，在课程中只有将课程资源与教育教学相联系的才是现实的课程资源。由此可知，在教学中所有能够被使用的课程资源都存在一定的价值潜在性。

第四章　小学教育学习方式创新

第一节　自主学习

一、自主学习的含义

自主学习，是根据学习的内在品质而定义的，与“被动学习”“机械性学习”与“他主学习”等学习方式相比，“自主学习”是在教学中的高品质学生所展开的学习活动。一些相关的心理专家对此看法是：在自主学习过程中，其主要分为三个组成部分：其一，是学生对自我的学习监控；其二，是学生对自我的学习指导；其三，是学生对自我的学习强化。自我监控：在学习过程中，有能力有意识的学生对自我行为的一种观察、审视与评价；自我指导：学生在教学活动中为确保学习能够达到学习结果而采取的学习行为，主要包括学习计划的制定、选择适合自我的学习方法、构建学习环境等；自我强化：学生根据在教学中自我学习而得到的结果对自己进行一定的奖惩行为，以此作为促进学习积极性的过程。

自主学习的定义通过总结可得：自主学习是学习者在教学活动中，为实现教学目标而开展的学习活动，通过教师对其所进行的相应指导，与自身的实际条件相结合对学习行为下的学习目标、学习内容以及学习方法进行正确的选择，在自我调控的学习活动的促使下，最终达到学习目标的具体实现的学习模式。

二、自主学习的特征

自主学习的特征包括以下几点：

学习者根据学习目标的意义选择与自己相适合的学习活动参与，根据自己的学习情况制定学习进度，参与设计评价指标；

学习者通过自主学习提高自身对知识的思考，在问题的解决中学习；

学习者在学习中投入自身的情感，为学习提供内在的动力支持，通过学习获取更为积极的情感体验；

学习者通过学习对认知活动进行自我监控，根据发展情况进行适当的调整。

三、自主学习的特点

自主学习：学习在学习活动中根据学习情况对自我的学习进行决定，通过学习内容的自我选择对自身进行适当的调控，并根据学习结果的实现对自我达到评价反思，以此达到发展自身的主体性。在自主学习过程中主要有三个基本特点：能动性、独立性与差异性。

（一）自主学习的能动性

自主性学习：以人的能动性作为学习基础，通过对人的能动性进行尊重、信任、以此作为发挥人的能动习惯为前提。自主学习下能动性的表现形式主要有：自觉性与主动性。自主学习是学习的自律性与主动性，学生的学习状态在自主学习的驱使下发生了一定的变化：由他律转为自律、由被动转为主动、由消极转为积极，在自主学习中所发生的转变将学生的主体责任突出的十分鲜明，将学生的自主学习性充分发挥，不仅将学生的潜能充分开发，更是对学生的学习责任心有效的培养。

（二）自主学习的独立性

自主学习是以人的独立性作为学习基础，自主学习的本质是独立学习，自主学习的核心是独立性，在学习过程中需要学生改变对教师与别人的依赖性，能够凭借自身的独立性展开学习活动。

（三）自主学习的差异性

自主学习的开展应该以对学生个性差异的尊重为基础，当学生对自身的客观条件达到了充分了解的状态并根据自身学习情况进行综合评估，在此基础上，与自身学习需求相结合制定具体的学习目标，对学习内容进行适当的选择，并根据自身的学习结果提供自我评估结论。自主学习的过程中由于学习差异性的存在使得部分学生被着重关注，更能够促进学习性教材的学生通过教师的帮助达到适当的提升。总而言之，自主学习是学生对自己主体地位的正式学习过程。

学习积极性是以学生的内部学习动机为基础，当学生的积极性被充分调动之后，学生会主动参与学习活动，此时的学习效率十分高效。教师在教学中应该为学生提供更多的个人空间，为学生创造更多的表现机会，尤其是针对具有鲜明特点的学生应该主动创造发展空间。

自主学习不仅将学生潜在的能力充分激发，更能够通过对学生学习积极性的调动促进学生良好学习习惯与学习方式的养成。

四、自主学习与自学的关系

自主学习与自学的差异之处主要包含下列方面：

第一，自主学习是以教学条件作为展开基础，在当前的教学情况中，自主学习主要在班级学习中发生；而自学是一种学习方式，与教学条件下的学习方式相对应。

第二，自主学习是以内在能力作为开展动机，即自主学习的开展来源于学生对自我学习目标与自我价值的体现等内容产生的驱动；但是，在自学方式下，其产生动机主要是因为有部分人在社会发展的压力下被迫选择的学习方式，及时在自学中其学习动机同样含有一定的主动性，但是在一般情况下自学的展开往往具有一定的功利目的。

第三，自主学习开展中，学习者是具有一定的学习方法的，根据学习计划进行，换言之，在自主学习中，学习者对自身的学习方法充分了解，并具有一定的判断能力，懂得根据学习情境选择适合的学习方法。但是大多数的自学这虽然具有一定的自我学习方法，但是难以达到自动化的程度，在自学过程中所使用的学习方法难以提高学习效率。

第四，自主学习中所消耗的时间是定时有效的。因为自主学习的展开是在教学条件下，自主学习者在学习在自主学习的过程中对学习时间的计划与管理十分重视，因此在自主学习中所消耗的学习时间是有确定性的；自主学习所具有的有效性对学习时间进行了严格的要求，在自主学习中学习者通过消耗学习时间应该获取一定的学习效果。但是自学者由于自身多种条件因素的影响，自学的时间需要根据自身的实际空闲时间所决定，在学习中常常是不定时地进行学习，加之其学习方式与学习能力的不足，同时在学习过程中难以充分利用学习时间，使学习效率难以达到最优化效果。

第五，自主学习者对通过学习所获取的学习结果具有一定的自我意识，自主学习者自身具有一定的学习评价能力，能够对自我学习效果做出适合的判断与评估。但是自学者的学习是为了得到社会的认可，学习结果的评价需要通过学习考试进行考查，或是以论文等形式所表现，因此自学者难以通过自身能力对学习结果做出评判。

第六，自主学习是在教学条件下所展开的，在学习过程中自主学习者能够随时随地地得到教师与同学的帮助，当自主学习能力达到高级发展阶段后，自主学习者能够对群体中所进行的合作获取新的认识，能够对合作的重要性有全新的、充分的认识，因此，当自主学习者在学习中遇到困难后能够主动向教师或学生寻求帮助，但是自学者并不具备这一条件，且无法对群体合作的作用获取认识。

由以上自主学习的特点与自主学习和自学中的差异可知，对自主学习的情况需要到达充分认识的程度，自主学习：是指学生在自我监控下所展开的具有高品质的学习方式。在课堂教学中学生的自主学习方式包含以下四方面：

第一，学习目标的自我确定。在教学中需要尊重学生的主体地位，为学生提供一定的学习权利，能够对自我学习的内容与学习程度进行自我确定，即学生通过自身了解对想要解决的问题进行解决，这种学习方式下能够充分考虑到学生之间的差异，帮助学生充分了解自我情况，制定适合的学习目标，使其能够在自身的水平基础达到极好的发展。

第二，学习方法自我选择。在学习过程中为学生提供自主选择的权利，对自己喜欢的学习方式进行选择。由于每个学生对知识的认知程度不一样，与认知方式不一样，则学生喜欢在学习中独立思考，而部分学生则喜欢通过交流学习。独立思考的学生是具有独立性的学习风格，而相互交流学习的学生体现的则是场依存性。两种认知风格的不动不会对学生认知发展造成影响，其实学生在实际学习中对于学习方式各有不同，应该尊重学生的差异性，避免千篇一律现象的发生。

第三，学习过程自我调控。自主学习主要是针对教学中的学习过程进行强调，避免教师过于掌控学生的学习方式，形成一致的学习状态。即使学生的学习内容相同，但是不同的学生由于自身的差异化，在学习过程中所使用的学习时间与学习方法同样存在差别。

第四，学习结果自我反馈。通过学习结果的总结能够为学生提供学习情况的及时思考与反省机会。学生在自我反思的过程中其实是自身学习思想的升华过程，无法依赖于教师的帮助。

教师对学生的自主学习进行指导的过程中需要注意以下问题：

第一，揭示教学目标，展示问题。为确保学生能够充分发挥自主学习能力，教师在教学中应该为学生建立适当的教学情境、提供学习资源，通过与学生学习内容相结合，将教学教材知识转化为适合学生思考的序列性问题，通过问题的提出激发学生的学习动机与学习行为，这种情况下，教师对问题的准备应该作为教学重点，让学生通过对问题的思考展开自学探究。

第二，小组讨论、同伴合作。自主学习在教学中并非是自我封闭的学习过程，因此在自主学习中，学生与同伴的沟通协作是极为重要的。学生之间的交流沟通并不只是针对认知所获得的，更加是对学生合作意识与合作技能的培养与提高。

第三，师生质疑和释疑。学生在自主学习过程中需要与教师的精心讲析相结合，自主学习教学模式需要与所有的教学方法相结合作为学生自主学习的促进动力。学生在自主学习中的知识认知过程中可能对其产生一定的困惑，因此需要教师为学生提供相应的知识解答。

第四，检测评价。在教学活动中，为确保学生自主学习的顺利进行，教师应该对学生的学习情况进行实时了解与掌握，便于为学生及时提供适当的解答与辅导，以此作为对学生知识的理解从而获取更为全面与深度的科学知识。教师在展开教学活动中需要制定更为新奇的题目，以求达到题型多样且难度适中的要求，能够为学生奠定基础知识的巩固，更能够提高学生的应用能力，以此作为对学生知识应用能力与创造能力的培养。

第五，总结概括、构建知识板块。学生在自主学习中会有多种问题的出现，教师与学生在讨论的基础上应该适当为学生灌输一定的知识总结结构，帮助学生形成具有具体且全面的知识内容，构建知识点，从而形成知识线，最终建立知识板块。

第二节 合作学习

一、合作学习的含义

合作学习：学生为确保对学习目标的达到，通过合作分工与相互学习的方式进行学习。合作学习是对学生个人利益与集体利益的培养，通过共同任务的完成能够实现自己的学习理想。

合作学习的内涵主要包含下列方面的内容：

第一，合作学习是以合作团体的方式作为教学形式所展开的教学活动。

课程开始之前与课程进行之中，教师应该与学习内容相结合，对学生的学习基础、学习能力以及学习特长等因素，根据互补原则将学生组合形成学习小组，分组形成异质组，以此作为同质组与自由组合组的辅助。

第二，合作学习作为教学活动需要以教学动态因素中互动合作为基础的动力资源。

动态因素：教师与学生的教学行为。互动活动中会有学生与学生的互动、学生与教师的活动。合作学习中合作性互动是最为重要的特点之一。

第三，合作学习作为教学活动具有目标导向。

学习活动的展开是以共同目标的达成作为基础。

第四，合作学习作为教学活动在过程中需要以团体成绩作为奖励依据。

将教学中的个人竞争行为转化为小组之间的学习竞争行为，促使教学活动内部合作形式的达成，将个人能力充分发挥，以此促进所有学生的发展。

二、合作学习的方法与特征

直至 20 世纪 70 年代，在教学活动中出现了对合作学习的研究与应用，通过长久以来的学习与开发，在当前的课堂教学中有四种合作学习方法在教学中得到了广泛的应用与推广。其中有两种方法是在目前的教学中广为适用的一般合作法：学生小组成绩分工法与小组游戏竞赛法，另外两种合作方法在运用中具有一定的针对性与具体性：小组辅助个人法，适用于 3~6 年级的数学课教学；合作性读写一体法，适用于3~5年级的阅读与写作教学。除此之外还有多种较小规模的合作学习法，如切块拼接、共学式、小组调查法等。

以下是对合作学习方法中广为应用的两种方法的介绍：

（1）学生小组成绩分工法：当学习小组的学生总成绩达到了预定的成绩标准，在此情况下小组能够达到教学认可与其他形式的小组奖励方式达到合作学习的方法。

其主要使用观念是对学生进行激发，以此达到相互鼓励与相互帮助的目的。以此作为教师对学生知识的传递，完成对知识与技能的掌握。因此，学生在教学中通过合作学习需要帮助小组成员达到对教学知识的掌握以此作为获取小组奖励的条件。由此可知，教师在教学中需要对学生进行适当的帮助，以此作为学生学习动力的激发，通过相互之间的帮助达到对学习的重要性认知与价值判定。

该过程实际操作方式如下：将学生以4人为一组，确保小组成员之间的成绩水平与性别等方面存在异质性。

教学程序：首先由教师进行授课，之后学生通过小组进行学习，针对问题进行适当的问题解答寻找答案，对问题中的矛盾点进行讨论，以及在遇到帮助的时候提供互相帮助。学生通过小组合作对问题的解决方法进行解决，同时可以对学习的知识内容进行检测，通过小组成员对小组成员提供帮助，对相互之间的学习成果进行评价，指出其中的优点与不足之处，使其能够在学习中获得学习成果，在所有成员的相互帮助下掌握所有知识内容。最后，当学生针对学习内容参与测验的情况，就需要脱离他人的帮助，并将个人成绩计入小组的总成绩。计分方法：将学生的单次测验得分与他们自己之前的测验平均分相比较，按照其对预期成绩的达成或对之前成绩的提高程度进行计分。并将小组中的个人分数相加所得为小组的总分数。

（2）小组游戏竞赛法：该合作方法主要是以竞争方式展开，其实际所用方式与学生小组成绩分工法相同，是通过教师教学与学生学习的小组活动，但是两种方法的不同之处在于：小组游戏竞赛法是通过竞赛方式作为测验的替代。在竞赛中，学生和其他小组成员进行竞赛，通过此种方式赢取成绩。与学生小组成绩分工法的相同之处是，当通过竞选所展现有优异成绩的小组能够获得其他小组的认可或者是其他形式的奖励。

小组游戏竞赛法同样是教学活动中具备一定成效的合作学习方法，与学生小组成绩分工法相比，这种学习合作方法通过游戏的形式为教学活动添加了一定的刺激因素，以此激发学生的学习求知欲。小组成员能够通过学习成绩单或者是学习作业安排等提供相互帮助，为游戏竞赛的提供准备。但在竞争的过程中应该避免成员之间的相互帮助，以此作为对个体责任的保证方式的落实。

虽然合作学习具有多样化的方式，但是所有方法都具有以下特征：

(1) 小组目标。合作学习是根据学生的学习目标将其组合成为学习团体，因此所有的合作学习形式的组成都包含一定的小组目标。在小组成绩分工法的合作学习中，向能够达到预期标准的小组提供一定的奖励是小组目标。

(2) 个人责任。个人责任的实现途径有两条：其一，是将个人测验所得分数或者其他的平均分数相加，将得到的综合或平均分数作为小组分数；其二，是通过任务目标的分工，使小组中的每一位学生在学习中都需要承担一定的责任。

(3) 成功的机会均等。在合作学习中，学习方法的最大特点是其计分方法的使用，能够确保小组中的所有学生拥有均等的机会为小组做出贡献。计分法的使用大致包括提高分、公平竞争等方法的运用。

(4) 小组竞争。小组之间的竞争是为了促进学生小组之间的合作能力，通过组内展开合作，组间展开竞争的方式提高学生的知识学习。

三、合作学习的基础要点

在合作学习的过程中，教师需要给予学生一定的信任与尊重，相信学生在学习中能够通过自身的学习能力掌握知识，为其提供交流平台。对学生在教学中的主体地位加以确立，对学生在学习与交流沟通的过程中所体现出现的自觉性、自主性、创造性给予适当的尊重。使学生成为教学的主导者，把握自主学习的主动权，通过对学生学习积极性的调动与激发，为其提供更多的自主学习时间与自主学习的空间，鼓励学生积极参与教学活动，针对问题进行独立思考，通过自己的亲身实践，以此作为学科基础知识与创造能力的实现基础。如，在语文课程学习中，教师与学生之间的学习交流十分重要，学生之间通过动态的合作交流以此实现学生与教师之间的沟通交流，达到相互影响相互补充的程度，以此成为教师与学生在课程学习中的认知共享。而在教学课程教学中，合作学习就是参与学习，即学生之间教学的相互构建；对学生而言，合作学习需要开放自己的学习心态，将自身的主体性充分展现，将自身的个性淋漓彰显，将自身的创造性全面开发；对教师而言，合作学习需要改变课程教授方式，将知识的传授转化为知识的分享与共同理解。因此，合作学习的展开要点分为以下几点。

(一) 合作学习以民主和平等的师生关系为基础

在教学过程中，教师应该认真对待与学生之间的关系，对学生报以真诚、付出情感、保持理智，时刻坚持“与学生交朋友”的教学理念，将尊重与信任给予每一位学生，对学生展开全方位的关心与爱护，将自身对教师职业的热爱用行动体现在他们身上，以博爱接受每一位个性化学生，为学生营造一个平等的、公平的学习环境，在公平公正的环境中参与学习活动，进行知识学习，将自身能力充分发挥，促进小组合作学习与竞争发展的有序展开。

在教学中为学生营造良好的学习环境是极为重要的，因此教师与学生应该以民主、平等的关系相处，促进学生自身主观性的发展。同样，在课程教学中教师与学生应该以平等的关系进行教学对话，学生作为学习活动的主体，教师是学习互动的组织者与引导者，在过程中教师应该通过教学相长的方式展开合作学习，将以往“以传授知识为主”的教学理念转化为“对学生学习思路与学习方式的激发”为教学活动的主要内容，以此确保学生能够在教师的辅助下加深对自我独立性的提高，以此达到学习目标的实现。由此可知，在学科教学过程中，教师不仅是教学的权威者与知识的掌握者，更是学生学习的引导者与促进者。学生作为合作学习中的小组成员，不只是知识的接受者，更是对知识的思考者、传递者与接受者，是一个综合性的知识载体。在合作学习的过程中教师要努力构建与学生之间良好的、融洽的关系与氛围，使教师的“教”与学生的“学”在课堂活动中呈现平等状态。教师与学生双方通过自身已经掌握的知识与学习经验作为交流基础，通过相互之间的交流与沟通达到相互借鉴与吸收的目的。对学生观点的尊重是教师发展的前提条件，教师通过对学生知识经验的学习与借鉴提高学习指导方法，学生作为发展中的主体，自身所掌握的知识、自身积累的经验以及自我看法与见解并非全部都是正确的，教师需要以此为基础对学生进行适合的引导，带动学生之间的讨论，通过交流沟通作为知识载体实现学生之间的信息共享，促进学生对新知识的接受。事实上，教师在开展合作学习的过程中应该将其作为一项有益身心的“游戏”来对待，为学生与自我之间创造良好的交流氛围与学习状态，通过教师与学生之间的合作提高学生自身学习状态的彰显力，教师在合作学习中还应该将自身的“教”知识转化为“导”知识，教师对学生进行问题的引导，学生自己对问题进行分析，并根据自身能力解决问题，在课堂中创造良好的沟通氛围促进学生的表达欲望，在各抒已见的交流中使学生成为课堂学习的主人，以此实现师生之间的良好氛围的构建。

（二）合作学习的分组形式以科学化和合理化为主

在合作学习中，通过科学合理的分组能够促进学生之间相互作用的产生。学生合作学习方式的展开是以分组形式作为开始，在分组中需要通过空间结构与组建方式将学生进行合理调整，使学习小组形式达到最优化。教师在安排分组情况的过程中需要以学生基础知识的掌握、学习能力水平高低以及性格特点的差异性作为分组基础，将学生进行分组。通过学生之间特征与层次的不同，整合调整为优化组合，确保每一组中都包含“快而准、快而不准、慢而准、慢而不准”四个层级的学生在内，均衡小组成员的能力构成，有利于公平竞争学习的展开。

在合作学习中，通过小组分工应该针对学生的学习能力采取“因生而宜、力所能及”的原则，以学生的实际情况进行合理的分工。但是在长期的学习中，小组中的成员分工不应该一成不变，需要根据学生的学习进程与发展变化对分工角色进行适当的更改与增设，通过主动权的轮换加强学生的自主性。

（三）开展多样的学习形式是合作学习的保证

在合作学习的展开中，学习不再是个体学生的行为，通过集体行为的改变需要学生具备充足的团队意识与合作方法的掌握。

学会表达：小组在针对知识问题进行讨论交流的过程中可以采用小组长指定轮流发言的方式，小组成员根据知识问题作为发言中心展开思想的轮流表达，确保在交流中每位学生都参与其中，以此提高学生的教学活动的参与意识。

学会倾听：在展开交流与交流结束之后，合作小组需要对教师的提问认真听取，对教师所提出的小组分工要求达到充分理解，对其他同学的发言及时抓住重点，不要随意打断他人的发言或者是对他人的发言进行插话，不仅要能接受表扬更能够接受批评，避免学习状态过于浮躁。

学会思考：教师需要通过合作学习的方式改变部分学生的依赖性，培养其独立思考的能力，通过对学生学习方式与学习过程的适当引导，激发学生的学习积极性，为学生树立独立思考的意识与独立能力的培养。

学会辩论：在小组之间的交流中，可能会存在一定的思想矛盾，在此过程中教师应该教会学生以理服人的学习方式，避免争辩激烈引发争吵，采用积极文明的方式对学生的辩论进行引导，避免出现过激的语言，当失败之后应该正确面对，即使胜利也不能沾沾自喜。

学会互助：合作学习中通过学生与学生之间的相互交流与沟通能够达到比教师教学更为理想的效果。因此应该鼓励学生在小组之间的学习与交流，当小组代表表现良好的同时小组内的其他组员同样应该受到奖励。

学会质疑：合作学习中学生针对某一问题的解决与处理可能会存在一定的疑虑，教师应该为学生提供适当的思考时间与空间，让学生提出自己的质疑。在质疑问难的过程中，教师应该为学生创造良好的学习氛围，促进学生的共同解决意志，将质疑过程作为学生学习知识的另一途径。

通过教师在教学活动中对学生展开的引导，采取多种方式的合作形式能够使学生在学习中感受到学习的快乐还可以促进学生学习主观能动性的充分发挥，通过集体力量的影响作用激发个人能力，使学生能够极好地完成学习任务。合作学习是将学生个人之间的学习竞争转化为小组之间的学习竞争，学习方式的转化能够促进对学生合作精神与竞争意识的有效培养，有利于因材施教教学方式的展开，确保学生在合作学习中达到自主学习的目标。

四、合作学习的应用

小组合作学习与学生个体学习是相对的，在教学中将学生个体之间的差异性作为教学资源，通过小组合作作为学习单位将不同学生的学习方法通过优化组合实现学习目标，在此过程中，个人独立思考的学习成果将会转化为小组的共同成果，通过小组智慧解决问题对学习任务的共同完成是一种互助性的学习方式。在合作学习中，学生个体通过彼此之间的帮助与了解对自我进行重新认知，对他人展开了解，通过相互之间的交流促进彼此之间的感情，达到优势互补的目的。在合作学习中对学生学习兴趣的激发、学生个性的培养以及合作精神与交流能力的提高是极为重要的，通过良好学习氛围的创造使学生在合作学习中获得更好的发展。由此可知，在合作学习中，学生合作学习的开展与管理十分重要。

（一）小组成员的培训与管理

1. 加强小组长的选拔培训

小组长是合作学习所建立的小组负责人，因此对小组长的选择十分重要，当小组长选择好之后应该加强对小组长的培训。经过培训之后的小组长应该对自己的小组角色有一个明确的认知：（1）小组学习活动的带头人；（2）小组合作学习活动的组织者；（3）合作学习展开的指挥者；（4）小组学习成果质量的验收员。通过对自身角色的准确定位，在合作学习中，小组长需要做到：（1）学习任务的明确；（2）学习任务分工的安排；（3）组内讨论过程的把控；（4）任务完成度的检验；（5）成果表达人员内容的确立。以上内容的有效达成需要由小组长完成，再者是对小组长定期培训会议的开展，教师应该对小组长所表达的意见及时反馈，通过对小组长的正面引导使其能够健康成长，针对小组长在管理中所遇到的困难及时解决，促进学习小组之间的竞争。

2. 加强学习小组各成员的培训

当小组长的人选确定之后，小组学习任务的展开与完成需要依靠小组团队力量。因此，合作学习小组需要有核心小组，各学科要有学科代表，实现人人有事做，事事有人做的学习现象，在合作小组中通过相互帮助建立互助小组，通过学习之间的互相促进带动所有学生的学习积极性。在教学活动中，每位学生都应该自觉参与、主动参与、将合作学习形式转化为学习习惯，形成学习的自发行为：（1）上课之前自觉准备学习用具；（2）合作中自觉接受小组长分配的学习任务；（3）对学习中的任务自觉完成；（4）自觉与同学进行合作交流；（5）自觉对自身的表现进行反思。这种情况下所形成的学习小组能够达到高效的学习团队。

（二）选择适宜的学习任务

开展合作学习过程中，学习任务的选择是极为重要的。学习任务不是全部都需要通过合作学习完成，当在遇到学习中的困难是，可以适当开展合作学习，换言之，合作学习方式更适用于学习难度较大的认知学习中，此种学习方法在大多数的学习任务中普遍适用。除此之外，当知识学习中涉及对学生学习能力的培养则必须进行合作学习。

（三）组织好小组之间的交流

（1）小组在合作学习中的最终学习目的是各小组之间在全班展开相互交流与学习成果的分享。学生与学生之间的交流内容应该包含以下方面：其一，是知识的认知与技能的掌握；其二，是学习过程与学习方法的掌握；其三，是学习中学生的情感态度与价值观体现。

（2）要保证交流的时间。沟通与交流在合作学习中具有重要的作用，不仅能够培养学生的语言表达能力、逻辑思维能力以及与应变能力，更能够有效促进学生之间的情感关系。因此，在小组交流过程中教师应该为其提供充足的沟通时间。当交流与沟通的时间过短，在交流内容无法深入，浮于表面，知识学习难以准确获知，且学生之间的意见与想法的交流缺少表达时间，难以促进学生之间有效学习的实现。

（3）教师的点拨要精辟。在小组合作学习过程中，教师是学习活动的组织者、引导者与参与者。当学生在展示与表达自我看法与观点的阶段，教师应给予学生充足的表述时间，杜绝对学生学习的干预，使学生能够自我看法充分表达，为学生提供学习机会对自己的学习情况进行掌握，同时还需要对学生自己看法的表达勇气予以鼓励，教师的点拨与激发应该在关键时刻进行，不过早对学生的看法下结论，先让学生将想法全部表述完之后进行点评，使得整个学习过程在平等、民主的交流氛围中进行，在此状态下学生的学习效果会更好。

（四）小组合作学习的效果评价

合作学习中通过小组形式进行学习应该坚持“共同计划、共同行动、共同达标、共享资源、各尽其能、人人进步”的原则，教师对学生进行合作引导，是学生在合作学习中将自身的真诚度充分表现，以此为前提，学生在小组合作学习中才能够达到良好的学习效果。当学生获得一定的学习成果之后，教师应该对学生采取效果评价方式的指导。

对课堂学习效果的评价分为以下方面：

（1）个人表现与小组学习成果的评价能够从合作技巧、合作效果与整体和个人的进步的程度展开；

（2）以学生在每堂课中的参与方式与参与程度对合作小组与个人展开评价；

（3）采用分层次的形式展开评价：1）学生对自我的评价；2）组内成员的相互评价；3）小组长对组员的评价；4）小组之间的相互评价；5）教师对小组或学生个人的评价。

（4）使用真诚的评价语言。教师的评价对学生具有极大的影响力，但是学生之间的相互评价能够促进彼此之间的相互交流与竞争，通过相互促进学习取长补短。对于课堂学习效果的评价无论是采用哪种方式，在评价过程中都要注意语言的使用，应该具有一定的激励性，且具有真诚度，对学生能够达到一定的鼓励效果，使学生比较容易接受。通过对学习效果的评价，不仅能够对学生的学习积极性进行调动，更能够促进学生之间有效交流的展开，使学生在合作学习中达到共同进步。

第三节 探究学习

一、探究学习的含义

在当前的基础教育改革中，无论是国内还是国外，“探究”一词是教育中出现频率最高的词汇。根据《牛津英语词典》中对“探究”一词的定义是：“对知识或信息的求索行为，尤其是对真实性的求索活动；是搜索、研究、调查、检验的活动；是提问与质疑的活动。”其对应的中文解释有“探问”“质疑”“调查”及“探究”等多种形式。在《辞海》（1989 年版）中对“探究”一词的解释是：“深入探讨，反复研究”。在学生的探究活动中，其本质是对学习中未知事物与未知信息的探究学习。

二、探究学习的特征

由于多种因素的影响，在教学活动中采取探究式教学方式的过程中可能会出现两方面教学内容的偏差：其一，是对探究式学习的泛化；其二，是对探究式学习的深化。泛化的探究是指在教学中一些人会随意将“探究”的标签锁定在部分早已掌握与了解的知识内容中；深化的探究则是指将所有由学生独立完成的学习活动总结为探究，如：学习问题的提出、学习知识的总结与问题的解决等。显而易见，这两种对探究学习的解释都与其本质意义相背离。

对事物进行区别的最基本方法是对事物特征的掌握。对探究式学习的正确实施需要对探究式的教与学特征充分把握。通过美国国家研究理事会在 2000 年组织编写出版的专著中，对科学的探究式教与学问题进行了系统全面的概述，在专著中将探究式学习的基本特征分为五方面内容。

（一）学习者围绕科学性问题展开探究活动

科学性问题：在学习活动中根据客观世界的发展对物体、生物体与事件提出问题，但问题的提出需要与学生所学知识概念相结合，并且能够通过问题极大促进学生的学习研究，对数据进行收集并通过整合所得的数据对科学现象加以解释的活动。

(二) 学习者获取解释和评价科学性问题的证据

在探究式学习中，其与其他认知方式存在一定的差异，探究式学习主要是以实验证据作为教学基础，对客观世界的运行机制进行解释。

在课堂探究活动中，学生对科学现象的解释同样需要运用实验证据加以辅佐。比如，学生对动植物进行的观察的过程中需要将物体的基本特征详细记录；根据外界环境因素的变化数据的实施记录，用过化学反应或物理反应对其所产生的变化进行同步记录并绘制相应的变化图表，与此同时，学生还可以从多种渠道获取更多的证据对探究式教学进行补充，例如：向教师提问、从教材中寻找、在网络上搜索等。

(三) 学习者根据事实证据对科学性问题做出回答

科学的解释是以证据与逻辑论证作为科学现象的解释，通过对其展开推理建立之间的关系。在科学解释的过程中需要确保自然观察与实验所得的证据是一致的，并按照证据规则进行推理。因此，学生在探究式的学习中，科学解释需要具备一定的理论知识作为结论基础。

三、探究学习的不同类型

(一) 实验式探究

实验式探究是探究学习的完整的过程，从问题的提出到对问题的及时报告形成。实验式探究学习所体现出的明显教学特点是在实验过程中达到学生的学习任务，完成学习目标。

在实验式探究教学的过程中，探究的问题是根据教材内容知识的学习所提出，通过对教材实验展开拓展与深化使学生在学习过程中通过自主学习对问题实施实验探究方式。探究过程主要包括：(1) 探究问题的提出；(2) 根据问题做出假设；(3) 设计实验方案；(4) 通过实验操作、对实验进行观察并记录有效信息；(5) 对实验现象或数据进行分析、得出结论；(6) 与学生进行探究结果的交流评价。

当实验式探究教学具备以上全部6个步骤则属于全程探究活动。实验式探究教学的主体教学目标与教学特点是使学生在学习过程中不仅能够动手还能够动脑，在学生对科学研究进行体验的过程中，能够到达对学生科学探究能力与全面科学素养的培养。在实验式探究学习的整个过程中，学生的体验过程为：发现问题—问题的思考与分析—寻找问题的解决方法—实施实验操作—分析实验现象—得出结论。

(二) 推理式探究

推理式探究性学习是以教学中教师根据教材所提供的知识与材料作为基础，学生通过自身所展开的讨论与思考对问题进行分析，经过对数据与资料的整合，在主动探索的指导下获取新知识的学习过程。

推理式探究学习的优点是不受教学设备条件的限制，即使不在实验室中也能够在课堂中实施组织，学生在合作与“动脑”双重方式影响下不仅能够获得新知识还能够提高自身对科学探究能力的训练。

在推理式探究教学中，探究问题主要来源于：（1）教材知识点，主要是叙述性知识与结论性知识；（2）根据教材知识所补充的问题，如日常生活问题与社会热点问题。探究过程主要包括：（1）实验材料的选择；（2）有效信息的获取；（3）对实验数据的分析；（4）对数据进行分析处理；（5）推理形成结论；（6）对探究结果进行交流与反思。简而言之，所谓的推理式探究就是教师在教学中讲述知识，教师与学生针对问题进行讨论，学生通过推理方式的运用形成对应的知识概念等。推理式探究教学的目标与特点是带动学生主动参与教学活动，将自身从知识的被动接受者转变为知识的主动探索者，在过程中能够将学习活动与学习能力通过联系一同培养，通过在课堂中教学活动的实施培养学生的科学思维能力与科学方法教育的形成。

推理式探究极易在课堂教学中展开，是一种十分便捷的学生探究活动。教师以相关资料展开探究过程为学生提供更多的探究机会，激发与培养学生的探究兴趣，带动学生主动参与教学，成为教学知识的探索者、研究者，改变被动接受的学习地位。

(三) 发现式探究

发现式探究：将学生自身的观察方式与学习经验作为教学基础，在学习情景中学生通过自我探索对学习的主要内容进行自我发现。发现式探究教学是教师在教学中通过间接的方式将知识向学生传授，主要是在对学生进行引导，通过教师课前安排好与设计好的教学活动的参加，在自主探索与学习中对自己所需要掌握的知识进行学习，是对知识主动获取的教学方法。发现式探究教学最早是由美国教育心理学家布鲁纳提出，最早是针对学生探究精神的培养与创造性的激发而提出。这位美国教育心理学家认为学生在教学活动中不仅仅是教材知识的获得，更是学生知识能力的发展过程。青少年在成长中具有一定的好奇心，对所有未知事物具有一定的好学与好问特征，发现式教学法的主要应用思想就是提倡积极主动和勇于探索的学习方式，对学生在学习过程中进行独立能力的培养，树立良好的探索意识，通过多种自主学习形式与探究活动的参与，使学生在教学活动中体验到发现与创造的神奇。

发现式探究在教学活动中的展开过程主要分为两个阶段。第一阶段：学生通过教师准备的学习用具展开教学，根据学具的质与量进行单独操作或分组操作，在实践过程中，教师应在各组之间来回巡视，对学生的学习情绪与操作态度时刻注意，以及学生彼此之间的交流与沟通内容，教师应事先对学生做好保密工作，不告诉学生学具的操作方式与操作内容，可以定时对学生进行适当的引导，对于个别困难学生而言，应该多加关注；第二阶段：为学生提供表现机会，在班级中展示各组对学具的操作讲解以及操作发现，倡导学生之间学习经验的分享。发现式探究的主要教学活动内容包含：教师与学生之间口头交流与沟通，学生根据与教师所交流的内容对学具进行反复操作；教师通过问题提问的方式对学生进行引导，使其能够自主获取学习经验与发现法则，达到教学任务的完成目标。

在发现式探究教学的应用中，学生的智力与能力是开展的基础出发点，其主要是通过对学生积极性的激发与调动，以及对教师主观能动性与主导作用的发挥，使教师与学生两者紧密结合，从而形成现代学科教学方法的基本特征。发现式探究在实际操作过程中，对学生学习方法的引导尤为重视，通过对学生采取积极主动的方式激发学生的学习兴趣，改变教师在教学中的“讲”的教学方式，通过将学生的“做”与教师的“导”相结合，采取新的教学方法，改变学生在教学中知识被动接受的地位，从而转化为知识的“发现者”。在教学过程中，发现式探究是极为有效的教学方法，能够针对学生的学习能力与教学质量获得有效的提高。

四、探究式教学的应用

探究学习作为一种有效的学习方式，在教学中的应用能够激发学生的学习兴趣与学生的探究意识，以及对学生合作意识等方面的培养具有积极作用。但在实际应用中，会出现教师对探究式教学的理解不到位，对学生探究式学习活动组织难以有效建立，在实际教学中学生的学习主动性难以充分调动，最终导致教学效果并不理想。且在课堂教学中，运用探究学习时时常出现以下情况：（1）学生小组学习中难以深入探究过程，经常讨论一些与学习无关的话题，课题的讨论过于表面，且课堂秩序混乱，当教师告知探究过程结束时，学生的探究学习并没有多大的收获；（2）教师提出的探究问题与学习任务过于浅显，但是留给学生的探讨时间过程，学生的学习兴趣难以充分激发，经常会敷衍了事；（3）学生知识水平的参差不齐导致对教师提出的问题与任务难以展开，探究学习无法继续；（4）探究活动中所涉及的问题与任务难以深入探究学习的本质，活动本身没有探究价值，所探究的问题具有明显的结论，诸如此类等。

以上教学现象的出现原因较多。首先，教师对探究学习方式存在误解，认为只要在课堂中出现探究学习活动就可以体现出新课标理念，因此盲目的组织学生进行探究学习活动；其次，教师对于教材的理解不到位，造成教学方案的设计存在偏差探究问题的安排不合理，在实际的探究学习活动中无法充分发挥探究学习的效用；最后，教师过于依赖探究学习活动，在教学中忽视了学生对探究式学习的实际运用能力，在实际操作中存在一定的方法失误导致探究学习的实际效率难以提高。

由此可知，以上探究学习问题的改变需要与问题实际相结合，具有针对性的采取解决措施，教师在实际探究学习实施中需要与学生共同注意以下方面。

（一）科学设计探究问题与合理安排探究环节

教师教学活动的主要任务是帮助学生掌握教材知识，因此教师在备课过程中需要根据教材知识与学生实际学习能力设计探究问题，通过科学合理的问题设置对学生进行引导，在教学中存在一定的浅显易懂的原理与知识，因此教师在设计问题的过程中需要将问题的适用重点放置在大多数学生的平均水平，使提出的问题具有价值。一旦提出的问题过于简单或过难都会使探究学习没有意义。当问题具有一定难度的时候，教师需要组织学生通过一定的阶段性学习深入展开探究学习，在一步步深入交流中解决问题，从而获得初步结论。教师在教学活动中需要对教材内容充分把握，与学生的知识水平相结合对探究环节合理安排，并对探究学习的活动切入点认真把握，在探究学习中当学生对问题的主要把握具有一定程度的基础上需要对学生进行深入的引导，通过相互之间的交流合作将探究活动升华。当探究教学课堂开始时，学生在课堂教学中可能会就问题的讨论出现意见分歧，因此教师在教学中可以适当根据实际教学发展对教学情况进行合理的安排与改变，以此达到预期之外的教学成果。

（二）学生的探究活动要有基本的时间保障

时间作为课堂教学中最重要的教学资源。教师在备课的过程中对于探究问题的设计与要与课堂时间相结合，在教学的实施过程中需要与学生充分合作对学生的学习进度实施掌握，并对不同程度学生的学习进程进行全面的了解，必要时给予一定的引导与帮助，以便提高班级学生的整体学习水平。在设计探究问题的情况下，根据课堂时间对教学方案的设计应该确保合作教学活动的有效开展。

（三）探究活动要以恰当的形式和良好的秩序做保障

教学课堂中探究学习合作可以以两人或四人为一组，当探究小组人数过多时则应该确定小组长。确保每一次探究活动的展开需要具有一定的规范性与有序性，这种程度下才能够对学生探究学习活动的展开提供保障，使得教学成果达到预期效果。学生探究学习活动的开展需要通过长期的秩序培养并加以训练与引导，在多次反复的练习与实践中达到对探究学习的规范化组织，以便学生在之后的探究学习中能够迅速进入教学主题，并充分利用教学时间实现探究任务完成教学目的。除此之外，教师在对学生进行分组的时候需要与问题的实际难易程度相结合，便于之后探究问题的顺利展开。

（四）引导学生总结探究学习成果

学生通过探究学习会获得一定的探究成果，但同时会有一定的情感体验。学生在学习中所获得的成果需要对其进行全面的理解。因此，教师应该适当给予学生一定的成果引导，帮助学生对学习的成果进行深入理解、掌握与总结，并在探究结束后通过适当的方式将其进行表述并与其他的学生进行交流，使得小组教学成果能够在更大的范围中通过交流沟通得到检验与核实。通过这样的实践教学活动，学生能够更好地从探究学习中体验到成果获得的乐趣。在课堂交流中，探究学习所获得的学习成果不仅能够通过口头形式进行交流，同时可以采取书面形式进行总结，还可以在课外和同学进行交流分享，教师无论是在课上或课下都应该对学生进行交流引导，以便学习经验的互相分享，对探究学习方式进行有效的总结，以此提高教学效率，使教学成果能够达到预期效果。

第五章 小学教育智慧化实践创新

第一节 智慧教育本源探索

一、现代社会的道德实践危机

（一）麦金太尔的德性理论

麦金太尔作为西方著名的伦理家，在20世纪80年代根据自身的研究对提出了德性理论，理论中具体指出：在当前的道德文化发展中，主要是由情感主义作为主导，当代人类道德处于深刻的危机之中。而危机主要体现在三方面：其一，社会生活中所运用的道德判断是以纯主观意识的和情感意识为主导；其二，个人发展中对道德立场、道德原则与道德价值的选择一直依赖于主观意识，不具有客观依据；其三，在传统意义上，德性的本质发生了改变，由以往的中心社会位置逐渐转化为社会生活的边缘地带。在麦金太尔的《德性之后》一书中，作者根据以亚里士多德为主要代表的理性德性传统内容，对启蒙运动发展所产生的现代社会哲学、文化与社会生活进行了全方位的深刻的分析与批判，以此为基础提出了他的德性论。在麦金太尔的理论中，其将德性作为实践活动的更深内容，针对通过实践活动所得的所有利益进行分类，主要分为内在利益与外在利益。在麦金太尔的理论中，所谓的内在利益是指实践活动本身所具有的，但是除实践活动外则无法通过其他类型所获取的，与之相对应的是外在利益，其主要是指，在一定的社会发展中，人类通过任意的时间活动所获得的对自身有利的物资，如金钱、地位或权利等。由此可知，在麦金太尔的理论中，实践活动所获得的内在利益是具有一定的特性，但是外在利益的获取来源并不具有固定的实践活动。

在麦金太尔的理论中，德性属于获得性的品质，通过“德性”品质的拥有与实践，在发展中能够促进人类内在利益的获得，当“德性”品质缺失的情况下，则无法获得利益。在麦金太尔的眼中，在现代社会中，通过竞争获取发展的条件下只会对外在利益承认，且现代大多数人即使通过实践活动也难以获取内在利益，且在现代生活中的德性已经变质，成为了实现外在利益获取的工具。

在麦金太尔的理论中，其不仅认为“德性”品质是内在利益的实践活动的必需条件，更是认为“德性”品质是有利于社会整体生活的改善品质，并将德性与人性的“善”相联系。麦金太尔认为，现代个人生活不再属于整体，个人生活已经被分割成不同的部分，其不同的生活部分对生活的品性要求各不相同，整体生活中的“善”已经没有实际存在必要。而德性品质不仅能够促进实践活动，使人类从中获取一定的内在利益，同时能够对生活中所遭受到的不同影响进行克服，以“善”作为整体生活的支撑，通过对“善”的把握作为增长自身认知的基础，以此达到对自身发展的充实。

（二）现代人道德危机的发生

如果在发展中理性会对个人选择进行非个人的方向引导，则感性会对人产生各种个人的方向发展。在现代社会的发展中，个人自由主义的存在是对情感主义的主要形成因素，且会造成情感主义道德伦理学压制当代道德文化。在情感主义的基本论点中，对道德言语和道德判断的实际运用主要是通过个人情感与个人好恶进行表达。现代社会发展至今，在个人自由主义中，其大力推崇个体的独立与自由，不断鼓励个人发展对自我方向的决定，其内容质押是对个人集资选择与实现的强调，且他人与组织无法对个人选择与判断进行评判，国家在发展中应该保持中立的价值立场。于是，社会发展中的客观道德与非个人的标准逐渐消亡，人们对道德的判断只能依赖与自己，对任何事物的发展与选择都需要通过自我选择作为出发点，所有人都拥有自身自由权利能够对自身的发展与成长进行选择。显然，在社会的发展中，自由主义的提出为人人的发展提供了一定的尊重、包容，时代成为了多元化与开放化的发展空间。但是物极必反，当道德主义过于自由与开放的状态下，则道德权威会受到一定的影响。著名的人类学家涂尔干曾针对这一现象做出生动的描述，其大致含义是：人们在发展中当眼前的空间成为无限自由与开放的状态，则人们会无视眼前的道德壁垒，但是在正常的发展情况下，道德壁垒会阻隔人们的视线。因此人们对视野约束与限制的道德力会逐渐无视。但是当人们再也感受不到道德力的约束，其主要原因是因为道德力的发展已经不具有实际践行的必要性，正在逐渐走向消亡。所以，当人类意识中的道德纪律优先地位逐渐消失时，则无限自由与开放的个人观念会油然而生。发展依旧的道德体系受到影响则无法对人类生活中所出现的新状况产生反应，同时没有新体系的建立作为消亡体系的取代。因此，在道德文化的发展中，权威性没有绝对的合理性，所有的权威意识都是主观相对的，当个人意识成为道德规则的最终审判者时，道德相对主义与道德虚无主义会顺应而生，此时的道德观念将会受到冲击影响陷入混乱。在现代社会的发展中，道德危机的产生实际上就是道德权威所面临的危机。道德权威的逐渐消亡对道德实践造成了极大的威胁。麦金太尔对于实践做出了如此的描述：实践活动的展开，不禁想要获得一定的利益，同时需要涉及一定的标准与服从原则，当实践展开活动，则需要受到标准的权威性的限制，当实践活动中出现不合理的行为，则需要根据标准对其进行判定。因此，在实践活动中，自由与开放是相对的，表达自己的态度，做出自己的选择是需要在一定的标准下进行，标准是具有一定的通用性的，同时对实践活动进行严格的规定。

（三）当代中国道德实践状况以及学校道德教育现状

近年来，我国受到改革开放发展的影响，从传统的社会发展形势转化为当前的现代化社会发展不断促进了各方面的多样化发展。随着经济生活水平的不断提高，物质生活的进步已经难以满足当前人们的实际发展需求，社会价值观的变化为人们的精神生活提供了一定的发展空间。随着市场经济的发展，价值观的成长同样出现了多种价值主义，如拜金主义、享乐主义等。不同价值观滋生会对社会实践活动产生变质。根据麦金太尔在道德实践活动中对利益划分标准进行分析，现代社会发展中所产生的多种实践活动中，人们通过活动所产生的价值取向逐渐偏向于外在利益的获得，即将通过实践活动所产生的金钱、名誉以及权力等作为活动的导向标准。在实践活动中对内在利益的实际思考减少，即对德性的拥有与实践逐渐消失。随着德性的缺失必然会对社会的发展产生一定的影响，因此有人发出了相关提问：中国当前的经济发展是否过快，以至于国情发展难以与发展速度相适应。除此之外，在世界一体化发展的背景下，中西观念的不断融合使得西方的价值观逐渐传入中国，个人主义与自由主义蔚然成风，中国传统的道德权威正在逐渐消散，“五道杠少年”事件的出现在社会上引起了轩然大波，但是这一情况正是从侧面对道德主义发展的印证。不置可否，人们在发展中更加倾向于从自身角度出发，以个人的感受与思想作为道德的出发点对道德进行判断。由此可知，在社会转型发展时期，传统的社会秩序与价值在不断地坍塌，全新的道德体系与道德观念并没有完全建立，自私欲望的驱使下，个体受到外在利益的诱惑从而导致一些行为偏差的出现，导致道德实践逐渐陷入进退两难的地步。于是，社会发展下对道德观念的重视不断增加，尤其是对学校道德教育更是提出了新的发展要求，在当前的学校道德教育中，实际教学正在面临众多问题并且需要理解解决，传统的填鸭式教学方式难以与当前学生的道德教育发展相适应。

价值观领域的变迁需要通过多种媒介方式进行传播，且在当前网络技术的大力运用中，价值观领域的变化正在以迅雷不及掩耳之势扩散于整个社会，以此对整个社会的风气造成破坏以及对文化精神造成吞噬。以消费作为享乐方式的多种宣传形式对大众的感官造成一定的几次作用。美国学者波兹曼指出，在社会发展中，文化精神的枯萎方式分为两种典型。一种是奥维尔在《1984》中所提出与担心的，极权政体下的统治者通过以法律法规的形式对文化发展采取强硬的压制，导致人的自由逐渐消失；另一种则是赫胥黎在《美丽新世界》中所提出与担心的，在文化的冲击之下，没有人将主动读书，文化精神逐渐受到庸俗的影响，被无限的欲望文化对感官产生刺激，人们对自由的向往逐渐由享乐主义所代替。波兹曼在其理论中指出，奥维尔的预言已经实现，但是赫胥黎的预言正在逐渐被证实。以电视、互联网为代表的媒介正在通过多种文化形式与娱乐表达方式对人们的思想方式、价值观念进行深入的影响与刺激，人们通过发笑作为沉思活动的替代。所有的公众话语逐渐通过娱乐形式出现，且在不断的发展中形成了一种文化精神。在这种状态下，所有的文化内容正在被人们以无形的方式对其产生影响最终成为娱乐的附庸，且在转化过程中十分迅速、极其隐秘。

实际上，在现代媒介的迅速发展中，不仅有娱乐文化的产生，且儿童与成人正在同时对文化进行共享。波兹曼在其理论中指出，随着现代社会技术的不断发展，儿童与成年人的分界线逐渐被以电视为代表的媒介所影响，儿童与成人之间的分界线正在逐渐融合，价值观念正在逐渐融合形成一体化形式，因此出现了儿童成人化，成人儿童化的现象。在当前的儿童成长中，“当大官、挣大钱”逐渐成为了儿童的主要成长目标。“五道杠少年”就是儿童成人化现象的典型代表。随着儿童成人化现象的不断出现，儿童的“纯真”逐渐消散，对羞耻的概念被冲淡。但是羞耻心对于儿童道德观念的形成具有极为重要的作用。羞耻感具有不可估量的价值作用且对儿童的道德教育而言十分重要。换言之，当儿童处于一个未知的神秘世界中，其本身会对周围环境产生一定的敬畏；但是随着不断的成长与发展，儿童对世界的了解与认知会逐渐增加，但是在向成人化发展的阶段中，他们需要成人对其进行教育，帮助他们学会通过羞耻心对道德进行判断，并将羞耻心逐渐转化为一系列的道德规范。在儿童的成长观点中，羞耻心的保持是成长中必不可少的力量和权威。因为成人对道德具有一定的判断力知道，但是儿童在这方面的成长尚未成熟。儿童在“羞耻”观念的方面具有较为淡薄意识，这种情况的存在导致学校在道德教育的开展中受到一定的影响，因此，学校道德教育任务中，对儿童“羞耻感”的激发是极为重要的。

麦金太尔在其理论中指出，在现代社会的发展中，个人生活正在被逐渐分割为不同的部分，难以成为整体，而不同的生活组成部分对品性的要求各不相同。与此同时，学生的自我已经逐渐被消解为不同的状态，且在不同的领域发挥不同的作用。在儿童的成长中，自我的消解的主要表现是，儿童生活被分为：学校生活、家庭生活、社会生活；在学校领域中，儿童所扮演的是学生的角色，因此需要遵守《小学生守则》等各种道德规范；在家庭领域中，儿童所扮演的是子女的角色，在成长中需要与家庭的伦理规范相符合。但是，在当前的社会发展中，受到国家发展政策的影响，从“独生子女”到“二孩政策”，儿童在家中的状况在发生变化。但是，在社会的发展中，儿童在成长中对于这一角色的扮演较为缺失。实际上，在当前的发展中，儿童的大部分童年生活都是通过“学习者”的学生角色所度过。随着应试教育的影响，巨大的升学压力对儿童的成长造成了十分明显的消极影响。自我的消解与角色的分离状态对儿童的道德教育形成了一定的阻碍，其主要表现是：学校、家庭、社会三方之间的价值产生冲突，对儿童所产生的影响导致儿童的行为前后不一。在学校的发展教育中，儿童的成长要求是：自己的事情自己做，积极参加劳动，保持勤俭朴素；但是在家庭的生活中，儿童的成长状态可能是衣来伸手，饭来张口。但是对于具有德性的个体而言，其所有行为表现是部分场合的统一一致。除此之外，互联网与移动端的发展成为了不分领域的影响媒介，通过规模更大的形式对儿童产生影响。在新媒介的发展中，人们的生活被划分为两部分：现实世界与虚拟世界。这种状态的划分对个体自我消解的现象产生了促进作用，同时个体角色的种类也在不断增加。在成长中，儿童在现实世界中可能因为害羞腼腆而不敢将自己表露，但是在网络世界中却十分开放，乐于分享自我，或者是长期沉迷网络游戏世界导致自我迷失。在这种状态下，自我消解与角色抽离的形成对儿童的整体生活与成长以及对善的追求造成极大的影响。

二、对德性问题的探讨

在西方的伦理学领域研究中，一直有两种理论倾向的存在：感性与理性。两种倾向的产生源自于人的本质认识。在人性的长期发展中，理智与情感是长期以来的探讨话题。在亚里士多德的著作中就有一些关于灵魂的讨论，在其著作中称：灵魂分为两部分：理性与非理性，且两部分都具有双重性。在非理性部分的组成中，其中不仅包含了与其他事物所共有的，即营养与生长的生物性特征，同时还包含了由理性所表现出的一定程度的非理性本质——欲望。在灵魂的理性双重性表现中，一部分是绝对的主宰，而另一部分则是如父亲般的尊敬。不仅如此，在亚里士多德的经典著作《尼各马克伦理学》一书中，其内容根据灵魂的组成部分对人的德性进行分类，并将其分为两种：一种是理智德性，另一种是道德德性。在古希腊哲学家的著作中，尤以苏格拉底、柏拉图与亚里士多德为代表，通过对这些哲学家的著作分析可以发现，对于理性的赞誉一直高过感性。在他们的著作中，更加倾向于对理性主义伦理观念的提倡。但在当代社会的发展中，由于自由主义和个人主义大行其道，情感主义的呼声比理性主义的呼声更高。实际上，在西方的发展中，德性理论的差异存在与德性的不断演变过程中，通过深入发现可知，德性本身包含了理性主义与非理性主义的对立与差异，在历史的发展中，无数的伦理家一直在不断地尝试，希望能够跨越理性主义与非理性主义之间的鸿沟。

苏格拉底是道德教育的始祖，被称为“西方的孔子”。曾提出“美德即知识”“德性就是知识”的命题，以此为基础从中获得了著名的论断“美德可教”。在苏格拉底的理论中，知识、智慧与道德三者之间有一定的内在联系。人的行为善恶评判主要是对人相关知识的掌握所决定，只有人对善恶的区分十分明显才能够懂得趋善避恶。在苏格拉底的认知中，知识的本质是对善的追求，人们在追求真知与善的过程中，需要保持一种“无知的觉悟”的态度。在这种角度的认知中，通过知识对德性进行解读，以知识作为对善的获取基础中可知，在苏格拉底的主要提倡中，理性主义德育观是其主要的理论提倡。

柏拉图作为苏格拉底的学生，其在发展中继承了苏格拉底的主要思想，在哲学中的研究主要走的是德性理性主义路线。在柏拉图的著作《理想国》中，提出了“四德说”——智慧、勇敢、节制、正义。在柏拉图的《理想国》著作中，其将理想国中的人进行了分类，且每一类的人都有其专属的德性：一个国家的治理者是智慧的，国家的保卫者是勇敢的，而劳动者与经商者应该是节制的，当所有类别中的人都各司其职且安分守己的情况下则是正义。

亚里士多德作为柏拉图的学生，是古希腊的著名哲学家之一，其著作《尼各马克伦理学》是具有代表性的哲学作品，在书中，就“德性”展开了全面且系统的论述。在亚里士多德的理论中，其将德性分为理智与道德。所谓理智德性是指：纯科学、理智以及实践智慧而道德德性则是指：慷慨与节制。理智德性的增长都可以通过教育获得，但是道德德性则需要通过习惯获得增长。

通过对西方的德性理论与其发展演变进行深入的研究可以发现，德性中包含理性与非理性两种对立与差异的存在，但是在西方的道德传统演绎中，其主要主张与提倡的是理性主义的路线。通过对以上伦理学家的各种理论思想研究可知，在发展中理论学家为了实现对理性与非理性之间差异的改变而做出了巨大的努力，从中可以发现众多的对当前小学德育改革有利的启示。

三、现代道德教育启示

在麦金太尔与涂尔干的理论阐述中，我们不难发现，随着自由主义的不断发展，多元文化背景的产生造成了非理性主义道德横行，不断发展中导致道德权威逐渐消散，在这种发展状态下，道德相对主义与虚无主义十分容易滋生，这种情势的持续发展会造成道德教育逐渐陷入发展困境，在此基础上，其形式的出现会对德育的教学产生一定的影响，并通过不断地发展引发我们的深入思考。

在现代的发展中，道德危机的主要产生是道德权威的陨落。为了改变道德危机则需要对道德权威进行重塑，这种情况下需要将道德取向回归理性。在道德标准的制定中，我们所需要的其具有一定的普遍性与非个人方向性，通过道德标准的制定与确立对人们进行理性化的道德引导，在道德判断与道德选择的过程中不过于依赖于自身的喜好与情感。但是，在道德标准的制定中，其所谓的理性并非是纯粹性的理性，在康德的理性中，完全的理性化是难以有效展开的。因此在制定道德标准的过程中需要对人的非理性本质进行确定，时刻保持一种非理性的理性主义。

随着社会的发展，道德教育势必会有回归基本教学的时刻，因此需要时刻与理性发展相符合，同时还需与生活发展状态相结合。在苏格拉底的理性认知中，对德性的认知是对善的指导，对幸福的引导，是良好生活与在生活中所形成的良好状态。在麦金太尔的理论认知中，其主要认为德性的存在能够帮助人类克服在生活中所遭受的所有不幸的情感状态。而所谓的“人具有一种德性”则是指：无论在何种场合，人的所有行为变现始终一致。这种状态应该是在生活整体的特征中所体现。换言之，德性所指向的“善”是生活整体所形成的善。如上文所述，在麦金太尔的理论中，现代社会的发展使个人生活被逐渐分割为不同的组成部分，已经无法形成整体，且所分割而成的不同部分在不同的生活状态下对其品性的要求各不相同，与此同时，人的自我已经被分解成一系列不同领域中的不同角色，相互之间存在分离。在现代社会道德生活的发展中，其基本特征是角色道德与职业道德的准。在当前的教育发展与改革中，学校与教师的主要教育中心是对学生自我的解放，学生作为一个独立的个体，其不仅是角色的扮演。为学生构建完整的生活状态才能够促进道德教育的实践。涂尔干曾经就道德课与道德教育展开一定的讨论，道德教育中所展开的道德课具有十分重要的作用，即使这样道德课也只是道德教育的组成部分之一。在道德的教育中不能根据以往习惯一味地将道德教育限定在学校的道德教育课堂中，道德教育不是某一时刻的特定事件，而是时时刻刻都需要进行的事情。道德教育的促进需要与学生生活整体相融合，就像是道德本身与集体生活相互连接一样。美国教育学家杜威指出，在道德教育的核心发展中，其主要是将学校等同于社会生活。准确地说，最深刻的道德训练与最好的道德影响是人在工作与学习中，通过在思想层面的发展，是意识与行为形成统一，以此作为与他人相建立的关系基础。因此，道德教育的发展需要与生活相结合，通过生活的不断影响使德性得到实践，以此完善道德教育，使德性能够对所有的学生产生作用。

四、让自主德育付诸实践

我国改革开放发展之间，市场经济在国家发展的影响下得到了迅猛的发展，中国经济的发展态势一片大好。其中尤以长江三角洲经济区最为著名，是我国重要的经济发展区域。其中浙江宁波作为长三角城市群之一，是重要的经济发展基地，更是我国华东地区的主要工业城市，近年来随着经济发展的不断加快，城市建设与创新能力正在逐渐体现。与此同时，宁波的城市化发展正处于社会转型期，其在过程中面临着一系列的问题，在这种情况下，对学校教育而言，尤其是对学生的道德教育创造了新的发展机会与挑战。个人主义与自由主义大行其道，道德权威失落、儿童对羞耻感的认知浅显，在传统的道德教育下难以实现对儿童的实际教学作用，以及儿童生活被分裂等多种情况层出不穷。

随着改革开放对社会发展影响的不断增大，价值多元化与相对自由的时代正在悄然成形，因此为促进道德教育的发展，当代学校需要针对下列出现的问题做出相关应对措施：道德权威如何重新树立与回归理性，怎样通过道德力量的运用对新媒介下的庸俗文化进行抵制，如何明确分割儿童与成人的分界线，家庭、学校和社会三者关系的处理对儿童完整生活的有何建立作用等以上问题，在宁波的一所学校中展开相关的时间探索，通过自主管理德育模式实现了有效的改善。

随着改革开放的影响，在宁波的教育发展中，铸坊小学于 1954 年创办，曾名宁波市第三中心小学，之后随着学校规模的扩大与发展，在 1984 年更名为宁波市江东区中心小学。在 1999 年 9 月，学校校址从最初的铸坊街 13 号搬至华泰街 99 号。在 2001 年，学校在福明路 757 号新建华光校区，自此成为了拥有两个校区的“大学校”，是我国教育界发展中，第一批现代化二星级学校之一。

近年来，随着国家政策的不断推广与普及，在现阶段的家庭中，独生子女现象十分普遍，儿童在成长中受到“四二一”组合家庭的爱护，在成长过程中产生了极强的依赖性，对自身的管理能力较差，且难以承受磨炼，不吃苦不劳动，且只受表扬拒绝批评，在儿童的世界中只有自己，存在一定的自私性，难以对别人产生同理心，对他人展现尊重与体谅，在生活中缺少管教与约束，无法对自己的行为负责，部分儿童缺少对他人和社会的关心。

在此基础上，该学校展开了针对性的德育教学，通过以学生自主管理方式为主，进行自主管理模式下的德育教学探索。所谓的学生自主管理，是指学生通过教师的激发与引导，在校内参与各项岗位与工作的管理体验，通过自身亲身的体会提高自身的自理能力，在面对日常生活中的琐事与学习中的困难时会有一套自住的管理方式，这种能力的产生是通过班级主体自身力量的影响，对自我展开教育与发展的一种教育模式。随着社会的发展，江东区中心小学意识到了对学生德性教育的重要性，更是懂得了德性的教育离不开对道德权威的重新树立，学校为确保德性教育在学生中起到积极作用，由此制定了一套完整的道德规范体系，并对学生做出硬性要求，需要学生对其进行遵循，以此树立道德权威。当然，道德体系的完整建立并不是通过外部力量对学生进行强迫性的服从，而是帮助学生加强对规范体系的理解与明了从而自愿地服从与遵守。在这个过程中需要学生的自主性，在长此以往的发展中能够使学生实施道德行为的同时可以对道德进行自由的选择。学校最初的开展目的就是希望可以通过学生在自主德育模式影响下形成一定的自主性，以此促进学生自身德性的树立，在不断的发展中成为德性个体。除此之外，学校在长期的探索中发现，学生需要通过生活整体实践才能够养成与培育出真正的德性，并通过生活行为将其充分体现，在生活中应该促进学生对善的追求，改变片面化的德性教育形式。因此，在自主德育模式不断实践与实施过程中，学生不仅需要对学生学习事物的自主管理性进行加强，更要提高学生在日常生活中的自主处理能力。

第二节 构建和谐的学习型组织

一、机遇与挑战并行

随着改革开放对教育的影响不断加大，江东区中心小学对课堂教学改革活动十分重视，对教师队伍的建设与教学实力的建设同样十分重视，学校的教育建设能够主要集中在教学力量的建设，因此教师团队的整体素质较高，在发展中逐渐产生了十分强力的内部凝聚力与亲和力，并以此形成了文化特征。在这种文化氛围的渲染下教师们的教学活动自觉进行，且长期处于和谐的发展状态。但是在当前新形态下，学校在教育中面临了新的挑战：其一，学校扩展为两个校区。学校教学规模的扩大提升了教师人数，以往的管理方式是凭借教师的工作自觉性，但是规模的扩大导致原有的教学管理方式难以与现阶段的发展相适应，以往管理结构中的和谐状态被打破。其二，是新课程的改革与实施。随着基础教育课程改革的不断推广与普及，学校的发展需要更有能力的教师支撑教学活动的展开，对教师的需求主要是具备较高教育技术与加强课堂教学能力的具备。在双重挑战的影响下，学校为寻求更好的发展已经及时对教学模式与教学管理进行了适当的调整，通过以“轻负高效”作为教学工作的导向，以师资力量的队伍建设为抓手，构建“星级教师评价制度”，希望通过一系列应对措施的改善能够作为提高教师教育技术水平与课堂教学能力的主要推动力，促进学校教师专业知识的提高与职业素养的强化。但在实际发展中，由于“星级教师评价制度”在制定中过于刻板化与固定化，反而对教师的发展产生了一定的限制，难以得到教师的一致认可。

为促进问题的改善进程，在 2006~2009 年期间，学校以现有的“星级教师评价制度”为基础根据实际教师发展需求进行了一定的改善，根据评价目标的实际设立，更深入的确立了教师在教学中发展性目标的自主选择权，并根据教学需求与基础教育课程改革要求相结合出台了一套完整的《教师自主发展评价实施办法》，当基本教学要求被确保实施的基础上促进教师的自主发展。自 2009 年发展至今，学校将发展方向从对学校教学规模的扩大思考转移至融合通过更加系统化的理念促进学校的发展，并在不断的实践与探索中落到实处。

在当前的教育发展中，学校正在对“智慧育人”体系展开更加全面化与深入化的探索，希望能够通过对教师潜在智慧与能力的挖掘促进其在教学中对学生的潜能影响与激发，达到学生全面发展的教育目标。

通过与以往的教育管理经验相结合，学校在长期以来的探索中获得了许多宝贵的教学经验，其主要包含以下内容：

第一，在学校发展中应该时刻将教师团队与课程教学作为教学管理工作的中心，通过学校所制定的教师评价制度促进教师发展，以此带动学校的整体发挥职能，并以学生的整体发展作为最终的教学目标。

第二，随着时代发展速度的不断加快，不同的发展时期学校所面对的内外部挑战不同，学校为确保在时代中的稳定发展在面对挑战的同时需要及时进行变革，根据时代需求适当改变管理方式，与组织发展需求相适应。此种积极的发展状态是确保学校长久生命力与活力的重要因素。

第三，变革工作固然重要，但是在变革过程中需要注意对以往工作的整理与完善，不能将前期工作全部舍弃，而是将前期工作中的教学优势保留下来与之结合，在原有的基础上不断促进教学改革的发展，将教学改革与优良的管理经验相互整合。

在当前的发展中，学校的教学状态十分的积极稳定。当然，随着教学形式的发展与教育改革的变化，学校可能会面临更多的问题与挑战需要进行更深层次的改革，近年来，学校为促进实际发展，在工作中的主要思考内容集中于：在当前的科技不断发展中，学校的终极价值追求应该怎样确立，怎样才能够在现有的发展基础上通过更加完整与系统的理念管理教学工作，怎样才能够更好的促进学校内部的发展与教学团体凝聚力的形成，怎样才能够扩大学校资源与教学动力的获取范围等多种问题的存在需要学校不断地通过实践发展进行解决，需要对学校的组织理论发展史展开深入的考察与事件梳理，更应该对学校组织特性做更加全面的认识与了解，以求能够从中获取理论支持。

二、组织理论

社会发展至今，组织理论的形成史与发展史时间并不长，但是经历了较多的发展阶段：科学管理时期、行为科学时期、科学决策时期、系统科学时期、文化管理时期。在科学管理时期，组织代表理论主要是以泰罗、法约尔与韦伯的思想理论为标准，为确保组织任务的高效率完成应该以标准化与制度化进行管理工作。通过实践可知，理论效果良好。但是其中存在一定的不足，对组织中最活跃的因素形成了忽略，没有对人的社会需要达到重视，无法有效将人的主观能动性充分调动。对于科学管理理论中所存在的缺陷，在科学组织管理实施中应该以梅奥、利克特与麦格雷戈相适应，对人的需要、工作积极性与人际关系中组织重要性进行不断的倡导。但是，这一理论在实践中对组织结构中制度与规范的重要性造成了忽视。

在科学决策时期，组织理论以巴纳德与西蒙为主要代表，在实践中主要是将组织理论与科学管理理论与行为科学理论进行调和，当所有观点经过系统化的整合，在实践中对个体与组织建立联系方式。巴纳德曾指出，组织是一个内外协作的社会系统，具有加强的平衡性。管理者为确保达到管理工作的成功，不仅需要对效能的重要性进行强调，还要对组织管理工作中的效率加以重视。在巴纳德的理论人之中，组织的顺利运作与长久的存活需要对组织目标与个体工作目标两者之间的关系保持平衡。

在系统科学时期，主要的组织理论代表是圣吉所提出的“学习型组织”理论。“学习型组织”理论常被用于企业或学校一类的组织管理实践工作中。“系统动力学”是“学习型组织”理论的运作基础，通过对其进行研究发现，在理论中对组织的研究应该作为一个整体，在研究中需要对组织整体中的各内在部分之间的相互联系与外部环境下的关系同时展开。圣吉在理论中提出，“学习型组织”理论在不断的实践与运作中，无论是管理者抑或是个体都需要不断对自身的能力进行突破，以求创造更为优化的结果，培养与形成更为新颖的思考方式，当组织中的全部个体一同奋斗时，应该一同加强学习。圣吉认为，在学习型组织理论的创建与运作时需要具备五项技术，具体内容为：系统思维、自我超越、心智模式的改善、共同愿景的建立、团体学习。在学习型组织理论的创建中，五项基本技术的具备是以“系统思维”作为建立核心，圣吉称其为“第五项修炼”。

在不断完善与发展中，到系统科学时期时，组织理论基本已经成型，但是在发展中会受到管理文化时期所形成的组织理论对其产生的影响。主要代表人物有沙因、路易斯等。在组织文化学派的理论认知中，学者们对于结构与系统理论以及方法的坚持不过是根据现代结构主义与系统主义作为主要的信任依据，并通过相关经验对其展开一定的人为假定，对组织行为展开真正的调节与控制管理工作的主要是组织文化，所谓的组织文化主要构成因素是难以确定的，比如：价值、信仰、假定、观念、行为标准等等在现实生活中看不见、摸不着且具有不确定性。组织文化一直是组织活动的背后支撑力量，是社会发展的活力因素，通过对组织成员展开引导，使其做出具体的指定动作。

通过上述对组织理论发展过程的整体梳理可知，组织理论在其整体的发展过程中，除去形成初期具有一定的极端取向之外，之后所有时期的理论均在正常的发展范围内成长，并随着时代的发展与社会需求相结合对自身进行不断的完善与补充，将自身的不足与优势进行整合。有学者对组织理论的发展提出：组织理论的发展时期存在一定的相对性，如果将组织理论在科学管理时期发展比作“正”，则在行为科学时期形成的组织理论应该是“反”，如果将组织理论在科学决策时期的发展看作是“合”，则组织理论在系统科学分析中的研究是在“合”的基础上所展开更深入的发展。在组织文化理论的整体发展与成形过程中，其主要是以前期的组织理论作为发展基础，通过对前期的组织理论进行不断的整合与深化以求弥补与完善组织理论中的缺陷与不足。通过上述多种组织理论可知，自组织理论管理的实际运用中，其主要与“学习型组织”理论和组织文化理论较为适合，在以上两者理论的发展下，组织管理效用能够得到最大发挥。在这两个理论中，其主要的共同点是对组织中“人”的因素与组织的发展都十分重视，但在发展中其各自的侧重点均不相同。“学习型组织”理论主要是对组织发展的整体性更为注重，展示出对系统思维的强调与团队能力的突出等特征。在此种状态下运用“学习型组织”理论能够将发展中的组织重要性充分发挥，因此对任意的组织而言都是具备极强的指导意义。而组织文化理论的运用中更加侧重于对组织文化重要性的强调，与“学习型组织”理论不同，组织文化理论对组织的学习与创新并不过于突出，反而是更加突出组织文化的动态发展过程。因此，在组织文化理论的运用中，其更适合稳定发展的组织，对于稳扎稳打型的组织而言就有重要的指导意义。综上可知，在组织发展管理中，将“学习型组织”理论与组织文化理论两者中的突出优势相结合共同使用是极为有效的促进方式，可以有效地达成组织管理目的是这对一个需要稳定而扎实地发展的组织来说也是具有重要意义的。综上分析，综合这两个理论中的优势是较好的选择。

三、学校组织

组织理论的提出主要似乎针对企业的发展而言。学校作为社会组织的类型之一，其实际发展与企业之间存在一定的差异，一般的组织理论难以在学校的发展中得到有效应用。正如部分学者所言：“学校在发展中所产生的多种管理理念与管理方式的争论其主要原因是对学校组织的特性缺乏充分的认知，导致在学校组织中存在一定的争议。”因此，为确保学校组织管理工作的有效展开，需要充分认识到学校作为组织管理针对性的特殊性以及对学校组织正确且充足的认知。

就当前的学校组织管理而言，通过实践研究可知，其中所形成的共知主要包含下列内容。

（一）学校组织具有相对稳定性

学校组织在发展中与企业组织管理具有较大的差异性，企业作为经济组织，在发展中需要面临多种激烈的竞争，更加需要不断的技术创新促进其本身的发展。学校组织就其本身的结构属性而言，具有一定的稳定性，且属于学术型，具备了科层体系性质。在组织文化理论方面，学校的发展就有加强的等级制度，文化的发展需要具备一定的适切性，是学校稳定发展的重要保障，更是学校发展效率的主要推动力，能够对学校的基本教育教学质量提供保证。虽然学校所要面临的改革创新因素众多，如社会环境的不断变化，教育改革要求的不断改变，都是对学校变革的影响因素，但是在其实际变革与创新过程中，不必大费周折，所需要的是对文化教育的传承，知识教育的循序渐进式的变革。

（二）学校组织具有专业性

在部分学者的认知中，学校作为教育教学组织具有较强的专业性与技术性，在发展中不仅需要教师具有极高的专业技术知识，更需要教师具备一定的教育教学能力，以确保在教学过程中能够按要求完成教育任务。学校是教师教学场所，是学生的学习场所，是极为正规与专业的，学生是学校学习活动的主要行为者。但是在教学发展中，教师作为知识的传授者与教学活动的组织者，是学生发展的主要促进者与引导者，由于教师在教学中的责任较重，因此教师在学校更应该作为学习者提高自身能力，这是因为教育组织开展的主要特征是学习性，由此可知，在教学过程中，学校为促进自身专业组织的构建，应该将自身打造成为专业的学习型组织。

（三）学校组织具有文化性

在学校的组织与构建中，其所含的文化特征主要来源于两方面。一方面，学校作为文化传承的场所，学校本身就是文化的载体，当学校展开组织管理工作时，其管理本质上就是对学校文化的管理，是学校文化形成、发展与巩固的过程。另一方面，在学校的发展中，组织管理还是对人际关系的管理，学校中所包含的人际关系是社会组织中最基本且非利益性的关系。学校组织管理工作的展开目的是对“人”的发展促进，主要是对教师与学生、教师与教师、学生与学生之间的关系促进，并非是获取利益。因此，与企业发展中的组织管理工作相比，学校组织管理工作中应该更加注重对文化的构建。学校通过组织管理工作促进自身的发展需要建立具有自身特色的校园文化，以此作为对学校工作管理的基础，同时在此前提下对学生的文化传承工作与学校内部的凝聚力加以巩固与强化。

（四）学校组织是社会组织的系统分支

在教育发展中，虽然学校作为具有一定社会性的组织机构，但其主要建设与发展目的是为社会输出能够满足社会发展需求的人才，因此，学校的社会性决定了属于社会组织的，是社会系统的分支。所谓的社会系统，主要包含两种说法，其一，众多的个体为实现同一个目标而组在一起形成团体，当所有的成员为了实现目标而一同努力参加活动并受相互作用的影响完成任务；其二，学校是社会总系统的子系统之一，是所有社会要素综合互动的系统。因而，学校作为社会系统，在发展中不仅需要对内在的各要素之间互动加以重视，如教师与学生之间的人际互动，还需要对学校与外部大系统之间各要素互动加以重视，如家长与学校、社会与学校等要素之间的互动，确保所有的要素相互之间处于稳定的积极的平衡状态。

由以上的分析研究可知，学校在发展中其组织管理是一种与企业组织管理形式所不同的存在，学校的主要组织目的是对“人”的促进与发展，并非是对利益与经济效益的追求，因此如果在学校组织管理中直接引入某种组织理论对其进行直接的指导管理则会导致组织管理工作步入误区。与学校自身所具有的特征相结合，应该对“学习型组织”理论与组织文化理论两者中的优势统一结合与吸收，以此作为对学校组织管理理念的指导理念，且在发展中具有一定的适切性。

四、管理理念

通过将对组织理论考察所得内容与对学校组织展开的特征分析相结合作为学校发展基础，将学校长久以来的发展历史与当前所面临的发展挑战相结合，宁波市江东区中心小学为促进本校组织管理工作的更好发展，以智慧教学作为工作展开角度，并对学校管理理念展开了详细的内容确立，其主要内容如下。

（一）学校管理应坚持“以人为本”的价值取向

学校教学的发展目标是对“人”的培养，作为“人”的培养场所，学校为确保目标的达成在工作中需要追求更高层次的价值，即对“人的发展”的价值追求，为促进学校管理工作的更好展开，其价值取向应该是“以人为本”。学校在发展中应该是针对“人”的发展，即对教师与学生的发展，因此，学校价值取向“以人为本”的主要体现应该包含两方面内容：其一，是以“学生为本”促进发展；其二，是以“教师为本”促进发展。学校管理工作展开的最终价值追求是对“学生发展”的促进，由于学校的建设目标与工作任务其主要是围绕学生所展开，所有的管理是为了学生。但是在工作中与学生直接接触与联系的是教师，因此学校的管理工作实际上是直接与教师所对接。因此，学校管理工作的展开应该是对“教师发展”的直接关注。在学校的管理工作中，“以教师为本促进发展”所追求的是双重价值，其一，所谓的价值追求是教师在学校组织中作为“人”的价值完善；其二，所谓的价值追求是教师在教育活动中作为教学传递者对学生价值的提高。因此，在实施“以人为本”管理工作时，其重点是以教师自身的发展带动学生的发展；学校管理工作开展中，其主要的核心理念是“以人为本”的价值取向，通过对“以人为本”价值取向的追求与完成，是学校管理工作下的所有内容具备了极高的实践意义。学校所有工作的展开都需要以此作为核心，并且应该以此理念作为学校人员的凝聚核心。

（二）学校应以“学习”为基本特征

学校组织发展的主要动力来自学习。学校组织具有较强的专业性，在知识社会的发展中，对学生学习的强调与促进是极为重要的，同时还需要极强教师作为教育者在发展中的学习。学习不仅是教师与学生的主要促进因素，更是人在发展中必不可少的组成要素。学校在组织管理中的直接目标是“学习型组织”的有效构建。通过构建“学习型组织”能够对学校中的人员起到引导作用，加强彼此之间的团队意识与互动性，在不断的创新活动中加强学习能力激发智慧，以此促进人的发展。“学习型组织”的必然结果是对学校组织整体发展的促进。

学校作为开放性的组织整体，在构建“学习型组织”的过程中，不仅需要针对校内发展建立学习共用体，更要与校外发展相结合，建立学习共同体，将社会、家庭、其他学校等多种外部要素作为本校学习发展的重要资源与学习伙伴，通过外部影响作为促进本校发展的主要动力。

（三）学校应构建“和谐”的文化氛围

学校作为文化传播与传承的场所，其组织结构形成具有相对稳定性，在开放的过程中更加侧重于对人际关系的管理。因此，学校在发展中对文化的追求应该是“和谐”的。“和谐”在学校的发展中具有较为重要的作用，其不仅是学习的基础，更是学校管理工作展开的目的，通过实现“和谐”文化的建设能够促进学校的育人功能。通过学校长期的发展历史可知，单纯的部落式文化、等级森严式文化等都无法有效满足学校发展需求，且与学校的实际发展情况不适应。对于部落式文化和等级森严式文化两者之间“和谐”文化建设的寻求，在过程中应该在适时情况下适当的采用临时体制文化，这种行为的产生具有一定的合理性与明智性。学校作为开放性的组织，在发展中应该加强与外部不同组织之间的合作建立，通过与外部组织的和谐相处，以此达到从中获取资源与动力促进自身发展的目标。

在“和谐”的建立中，其内涵十分丰富。“求同存异”是“和谐”的基本内涵。在“和谐”的建立中，“求同”是其基础性层面，即为达到学校和谐发展的目标，与学校中的各类人员建立一致的价值观与行为意识。“求同”的实现途径主要包含：建立规范化的规章制度、树立正确的价值观念，使人员能够具有相同的价值观等。在“和谐”的建立中，“存异”是其高层次境界，即对学校中成员与校外组织中具有一定的优势，通过对这些优势的承认并将其通过一定的措施发挥效用，主要目的是为了避免学校在“求同”发展中出现惯性化思维与发展，以此不断激发学校更深入的发展，使学校具备更大的活力与潜力。因而，就这一意义而言，“和谐”的建立是一种动态的平衡状态，并不是静止状态，而是一种温和的发展状态。

总的来说，江东区中心小学对管理理念的确立是“以人为本”，通过“和谐”文化特征形式的“学习型组织”构建，将管理者与众人的智慧共结合，以此作为促进学生健康成长的动力。学校中“以人为本”理念的主要是通过规范管理、团队建设、开放办学等多方面的内容所体现。

五、规范管理：让学校运作起来

对于江东区中心小学而言，其在发展中学术型组织具有相对稳定性，且拥有两个教学小区，在教学中会涉及众多的教师员工与学生，为确保自身运作的正常，在运行中需要通过科学规范的管理方式加以确保。当学校在发展中通过规范化的制度建立，管理工作的优化以及对管理工作的督促执行能够确保学校日常教学活动在制度化与有序化的状态下运行。

近年来，江东区中心小学为保障自身运行的正常化从而制定了多种教学规范。例如，为促进教师发展制定了《教师师德修养红绿灯工程实施方案》《名师工程管理办法》以及《教师自主发展评价实施办法》；对于学生的发展现状制定了《教育理事会章程》《教师家访制度》等内容；为促进教学工作的顺利展开从而制订了《教师教学常规实施意见》《教师工作常规实施意见》等条例。学校通过这些制度条例的制定为学校的发展提供了行为规范，使教师与学生在发展中所产生的所有活动都有章可循。同时，在实际运用中通过将制度分解与教学评价指标相结合，对教师工作的开展进行实时监督能够确保制度的更好落实。

通过长时间的反复实践，学校为更好地推动教学管理的合理化与人性化开展，是教学活动更具“和谐”特征，针对教学活动展开了更深入的改革探索。

（一）规范中求“新”

所谓求“新”，在学校的设想中是学校所制定的规范不能只依靠学校的领导，需要将全校教研组与教师的智慧充分发挥，通过对教学机制的创新改善教学工作内容与工作方法。学校在制定条例的过程中，为确保所制定条例的规范化，有时会由教学中的教研组进行提前探索，当制度运行逐渐规范化之后会推广至全校。但大多时候学校对规范制度的制定只是提出大致的制定要求，关于制定的细节化与具体内容以及操作方法需要通过相关的教学人员与自身工作经验相结合，大胆体验与尝试。在此过程中，教师与规范之间的关系不再是被动接受，而是转化为了主动参与，充分发挥自身的主动性，通过在规范中所体验到的经验与自身发展相结合，对学生的发展进行实际补充，以此确保教学中能够更加严格化的尊重规范，执行规范。

在学校的常年发展中，创新管理机制的实行有许多成功的案例。如学校在“校园文化节”的开展中通过与创新的管理机制相结合，获得了极大的成功，“校园文化节”是江东区中心小学每年都要举行的活动。对于这一活动的展开，学校没有对其进行细致化的探讨，在开展之前并没有制定十分详细的方案，只是根据以往活动的开展提出了一个简单的设计思路。当活动大框架的构想成形之后，学校将具体的方案制定分配给所有教研组，通过大家的集思广益能够将所有教师的智慧结合。不仅如此，在过程中，所有教师多分配到了相关任务，当教师提出自己的想法与观点的时候就会参与到其中，并发挥自身的主动性。对于学校而言，通过广大教师集思广益而得的活动方案是对教师有效管理的一种探索，通过实践证明是十分有效的。

除了教师教学管理之外，创新工作还应该与校外资源相结合。家庭与家长作为学生的直接接触人，对家长的资源开发是十分必要的。江东区中心小学通过建立家长助教团，使学校的管理工作得到了极大的提升。在家长助教团的工作尝试中，学校只是为教师提供了一个总体的活动规定，要求每学期每个年级的每个班级都要提供1~2名家长作为助教的教学内容。当学期结束后将同一个年级的教学资源汇总到一起，并向全年级的同学展示展开助教。为寻找更好的助教资源，班主任应该积极与家长进行教学沟通，调动家长参与学生学习互动的积极性。通过家长所提供的助教内容可以发现，所涉及的内容十分丰富，对学生课外知识的增长十分有利。

由此可知，在学校的规范化发展中，“新”的规范不是对规范外部的约束，反而是对教师发展与学校教学的主要推动力。

（二）创新中求“精”

对制度的创新只是通过文本对其进行规范，但是对于学校的规范条例而言，其创新工作的开展是为了促进制度的更好落实。在制度的落实过程中，主要是“精”字的体现。所谓的“精”，其主要含义包括两方面：其一，是对制度执行情况的督查；其二，是将制度贯彻执行贯彻落实到深处。对于制度的落实求“精”并非是全面性的工作，应该针对教学中的工作内容选择具有代表性的工作作为整体的突破口，采取“抓一放一”的方式，在管理中促使工作发展逐渐走向良性的自动化运作状态，以此有效减少管理所消耗的资源。

管理工作的督查制度制定主要是对教师教学常规的督查，督查的主要工作目的是为了向教育教学质量提供保障。缺少督查制度的教育教学规定则会成为一纸空文，在实际教学中无法得到有效的落实。学校的督查工作由教导处负责，由专人组成督导组，如果对教师教学过程没有督查制度，教育教学规定就成为一纸空文。学校的督查工作由教导处负责，由专人组成督导组，对教师教学过程进行实时督查，同时需要确保每项督查工作都有制度可循。在督查工作的展开中，学校可以采取普查、抽查、座谈等多种方式相结合的工作形式以此增加教学中的督查次数，如学校可以经常对教师的教案、作业等进行抽查，当发现问题的时候需要及时进行反馈；当学期期中的时候可以对全校的所有学科中学生的作业与教师的备课记录进行普查；期末的督查工作主要是对其中督查工作中所发现的问题进行及时的检查记录，确保学期中所展开的全部检查都有相关记录与反馈，同时将检查情况归纳到教师的“师德红绿灯”管理，并定期举行全校范围内的教师工作反馈，对于表现突出的教师应该予以金灯进行表扬，对于教学工作中存在一定瑕疵的教师应该通过黄灯对其进行提醒，对于教学工作中与教学常规要求相违背等较大问题的教师应该通过红灯对其进行警示。通过督查工作的落实与深入，教师们能够更加明确教学常规对工作内容的要求，以此为基础促进教学常规在实际应用中更加具有规范性，通过长此以往的无形影响使其成为教师的内在工作习惯。

求“精”的第二层含义将管理制度不断落实与深入。例如，江东区中心小学在早期就建立了家长学校、家长委员会等多种形式，通过教师与家长相结合，并根据学生在学校的表现定期召开教学会议，同时对于家访也有相关的规定与要求，但是以上多种方式的展开大多是走形式，实际效用较弱。近年来，学校为促进与校外资源的结合教学，就学校与家长等方面和合作展开了实质性的探索，尤其是驾驭历史会、家长助教团、家长志愿服务队等多种合作方式的展开，无论是在制度的制定，还是在实际的行动落实等方面都对家长的积极参与提供了保障。又如，学校在发展中对于学生的安全极为重视，为确保学生的安全在早期办学的同时便制定了一系列相关制度，加强安全工作的实际展开，但是安全规章制度的制定过于宽泛，对于具体的细节没有严格制定。近期，学校为确保对学生安全工作的有效落实，通过与教育部门相结合，根据其对学校安全工作的要求不断完善与补充了安全制度中所存在的不足，在安全工作的落实方面做到了严抓共管。学校将学生的整体安全工作分解为个细节部分的安全保障，并分配给各相关责任部门，对于安全工作的内容与职责配比十分清楚，能够有效保障安全工作的落实。

（三）制度建设的规范化

在规范管理工作中，僵化、缺少人文关怀、被管理者有被限制感觉的出现等多种情况是常常存在的不足之处，以上多种情况的出现最终会导致被管理者与规范对立。但在学校的管理工作中，其主要的管理观念认为工作的展开的根本目的是对教师的学习与发展进行适当的规范以此作为引导促进教师更为个性化的教学特征的形成，实际能力、专长与自我发展等各方面内容存在鲜明的特点。因此，规范的管理工作需要与教师个性化发展的实际需求相结合，确保教师的个性化发展能够有足够的提升空间。这不仅是教学管理的智慧体现，更是教学“和谐”发展的要求。

以学校中对教师教学的评价制度为例，学校在实际评价工作中沿用了以往的“星级教师”评价制度，但是与当前的教学发展以及教师的实际教学需求相结合，对其中过于固化且刻板的硬性规定进行了适当的改善，并根据教师的发展为其提供了一定的可自由选择的发展目标，使教师在发展中能够不断的突破自我，当完成基础性的目标之后，确保教师同样具有一定的能力发挥空间，可以根据自身能力的不同申报不同的登记，不会受到年龄与资历的限制。

在学校的教学过程中，对教师备课进行督查采取普查的方式来进行。在学校的督查制度管理中，其认为督查工作的展开目的并不是对教师进行惩戒，应该是促进教师之间的相互交流、教师与学生之间的学习以及教师工作的修正。对于教师的备课普查工程中，不仅需要包含基础性要求，即教学过程中每个教师都能够达到的要求，还需要具备个性化要求，即教师完成基础要求之后可以根据自身技能水平自由选择达到的要求。在备课制度的督查工作中应该采取“因人而异、分层要求”的原则，对教师进行分组，根据教师的实际教学时间分为见习期、初级教师（教龄在2~5年）、成长期（教龄在6~10年）、发展期（教龄在11~20年）、成熟期（教龄在20年以上）五个层次，并根据教龄层次的不同与实际教学情况相结合提出不同要求。例如对见习期、初级教师要求的制定，应该规定其每节课都要设计详细的教案，对于发展期及成熟期教师而言可以简单设计教案的大致纲要。当教师在教学中出现问题时，对教师提出警示、修正等同样需要采用人性化的方式。如，对于提醒和警示的教师应该主要提出其问题行为但是不透露教师名字，而修正方式的采用可以通过同事之间的相互帮助以及和工作团队之间的交流促进修正，在方式的采用过程中应该充分与教师的自身感受相结合。

规范管理展开的智慧是将所有教师的智慧集中，对其进行创新，以保证规范的有效落实，促进学校的良好运行，在过程中需要对教师的个性化发展做出充分的考虑，与教师需求相结合，为其提供更好的发展空间。

六、团队建设：构筑学习共同体

团队学习是“学习型组织”构建所形成的一大特征。同时，“和谐”的组织文化特征的形成需要将学校中的所有人凝聚在一起，这是最为关键的，因此，在学校内部管理中，团队建设成为了最重要的工作。

美国教育家杜威曾在《民主主义与教育》一书中，就教育发展提出“共同体的”概念。他说：“人们通过共同东西的牵引从而共同生活在一个共同体内；人们对共同东西的占有是需要通过沟通交流才能够达成。为了促进共同体或社会的形成，人们必须具备相同的目的，共同的信仰、知识等多种情感的一致，也就是社会学家口中的志趣相投。”在杜威的理论中，教育是需要通过沟通进行，学习同样也是。只有当组织的“共同体”形成一致时，组织内部的所有成员才能够达到真正的凝聚状态，而他们组织在一起的因素是因为对相同目的与信仰的形成。在沟通中促进学习，在学习中促进发展。以上，便是以“和谐”为文化特征基础前提下，学校内部管理的设置意义存在。

第三节 教师教学智慧与专业成长

一、教师教学智慧的概念

课堂教学活动的展开存在着极大的复杂性与不确定性，这是因为在课堂教学活动中不仅包括了教师与学之间的教材知识传授，更是教师与学生之间人际关系的构建，深入一点即与人的自身道德价值选择相联系。即便课堂教学活动是教师与学生之间问答行为的互动，但是之间会有多种含义的存在。当课堂教学中教师提问需要学生发言的时候，学生在发言过程中不仅会将自身对教材内容的了解以及对教学内容的解读通过语言传递，通过发言还能够建立课堂人际关系，以此成为发言者自身价值与自身态度的主要体现。课堂教学的复杂性更加体现于教师在教学中所面对的学生是具有独立思想与意识的个体，在教学活动中会随时随地的遇到来自学生的挑战，学生在教学活动中随意的一句话或无意间的一个动作行为都有可能打断教学进程。虽然教师在备课期间能够根据自己的设想设计课堂教学，但是在实际的教学情境中，所有设想都无法与学生的变化相适应，具体情况需要具体分析。因此，课堂教学活动的顺利展开不仅需要教师能够熟练运用教育学，还需要充分掌握心理学，根据两者之间的共同原理与技术，与教学大纲中对教师的教学技能要求展开教学活动。同时还需要教师在教学中能够以往常教学中所积累的智慧对其进行价值判断，根据教学情境灵活且准确地做出应对措施，从而创造更为灵活且充满智慧的教学课堂氛围，适应学生的学习需求。

课堂中对教师智慧的需求不仅是复杂性这一个特点，更包括了一些教育界人士对教师在实践性中的专业知识发展的全新认知。在以往教育教学管理中，教师的专业提高途径分为两种：其一，是毕业于师范学院中的教师，这类教师的特点是其专业知识与教育理论皆是源自专业教育；其二，是通过教育实践活动训练以及对其他优秀教师的教学行为模仿，以此提高自身专业知识与教学能力。对于前者教师而言，在教育中由于受到过多的理论灌输，实际教学会与实际相脱离，而后一种教师则因为对其他教师行为的模仿，过于机械化，实际操作中存在一定的刻板化。以上两种专业发展方式对教师自身的自主性产生了一定的影响，此种状态下的教师在教学活动中极易受到专家影响从而放弃自己的想法。所谓的教学智慧，其实是实践智慧的一种，与外在的理论相比，其主要是通过教师得到亲身实践而得，因此在教学中能够更好更容易的被教师理解，对教师而言，教学智慧与其有一种亲和力，在使用中能够促进教学智慧更为长久的发展；与机械模仿教学方式相比，教学智慧具有一定的批判反思性。简言之，不断加强教学智慧的实际内涵能够促进教师对自身力量的认知，更能够避免教师过于迷信专家与行为盲从，以此恢复自身的言语权利，从中找到更好的自我专业的发展空间。

在教学发展中，课堂教学活动的开展与教师专业的发展都离不开教学智慧的支撑。因此，学校需要加强对教学智慧的认识。近年来，国际上对教学智慧概念的研究以及对其养成策略的分析不断。对于中小学教育发展而言，在教学中不仅需要加强对教学智慧对课堂教学活动开展重要性的认识，还需要通过日常的教学活动对其进行不断总结。早在 2006 年，江东区中心小学在发展中便提出了相关的办学理念，即“智慧育人·体验幸福·提升轻负高效”，以此作为对智慧型教师的培养准则，对教师的教书育人的意识不断强化，使教师在教学中能够通过对自身智慧的应用以培养学生智慧。从实践教育至今，学校教师的专业素养得到了极大的提升，最为鲜明的体现就是学校教师在多种类型的比赛中屡创佳绩。众多优异成绩的获取与教师在教学中熟练运用教学智慧是无法分割的。多年来的在教学智慧方面的研究与探索经过不断的尝试使得学校教师在教学智慧的研究中得出了大量的认知与经验。当然，其中同样存在着一定的不足之处以及需要提升的地方。

首先，教学中对“智慧”一词的解释存在一定的模糊性与不确定性，因此对教师智慧的培养会存在一定的表面工作，使得工作的开展过于形式化。因此，在教学中教学智慧的培养需要不断加强对教学智慧内涵的树立与探究，通过对其概念的充分把握使教师能够获取更为科学合理的认知，以便更好地对其实质进行掌握，此种状态下有利于教师对教学智慧的培养与提高。

其次，教学中对智慧的认知存在不足，导致在教学智慧的机制制定时存在一定的认知缺失，导致学校在针对教师进行教学智慧的培养过程中很容易出现大而化之的情况，造成教学举措失当，因此对教学智慧的形成因素的研究十分重要。

最后，教师在教学中存在的影响因素众多，如教师自身因素影响与教师所处环境的外部因素影响等，导致在教师教学智慧的培养过程中极易出现多种困难，对于所面临的困难的有效解决需要不断对其进行深入的探索与研究。

教学智慧在课堂教学中存在的本质是实践智慧。而实践智慧概念最早是由古希腊文翻译而来，其主要是指通过实践所获取的知识或者通过明智考虑所得到的能力。亚里士多德曾针对实践智慧的本质概念做了充分的解释，在《尼各马可伦理学》一书中，他曾指出，实践智慧，即当对人的事情进行好坏评判的时候需要与一定的评判尺度相联系，而与之联系的行动的品质就是实践智慧。在亚里士多德的理论中，实践智慧属于“行动的品质”，而行动的产生通常会有相关情境的发生。因而人必须对具体的情境身份了解才能够具备一定的实践智慧，通过自身所具有的实践智慧，人可以对情境发生感知，借助自身所产生的感知对情境的发生时间做出相对应的且合理的判断与正确的理解。所谓“正当的尺度”则是指，当发生一定的情境时，人们根据具体的情境做出相对应的处理，并懂得何时是恰当的选择，怎样才能够做到准确的把握。实践智慧要求对具体情境的处理应该是在适当的时机下选择正确的方式与正确的目标树立。但是，何为正确的？在亚里士多德看来，所谓的“正确”在于善，但“善”并非是个人的善，更是与他人相关的善。在实践智慧的驱使下人们选择正确的方式以求达到目的。因此实践智慧通过“善”获得了一定的价值导向，在过程中不仅要求目的具有善性，同样要求达到目的的手段与方式具有善性。

在我国的教育发展史中，与教师教学智慧相关的研究最早起源于 20 世纪 90 年代，通过对学术界关于教学智慧的定义可知，其将教学智慧大致分为两种：其一，是将教学智慧的本质看作是在教学中针对突变情况的应对能力。有部分学者认为，教师在教学中的教学智慧具体表现应该存在与教育教学的实践中，教师需要具备敏锐的观察能力与感官感受力，能够对教学中所出现的状况进行准确的判断；同时需要具备一定的教学机智性，能够对教学中所存在的教育时机进行充分把握，并能够通过其将教育中所存在的矛盾与冲突进行转化；以及在面对教学中所出现的多种变化时，能够及时根据具体情况做出相对应的决策与选择并能够对教育行为根据具体情况要求进行调节的魄力；能够激发学生积极参与教学活动，并乐意与他人进行心灵对话的魅力。其二，有部分学者认为教学智慧是教师在教学活动的实际展开中所具有的“当机立断”与“急中生智”的能力，他们认为，教学智慧所针对的对象并非知识教学中普遍的实践活动，更是对教学实践活动中可能出现的多种难以解决的问题，需要通过对实践活动进行更深入的目的探索，对其进行实际行为的具体分析。不仅如此，教学智慧是以教学能力为基础，对教学实践活动进行具体的价值取向指导。学术界有部分学生对教学智慧的认知会与教学特性相结合，认为其主要表征是教师通过教学实践，为达到教学目的对教学行为进行合理选择的能力。更有学者认为教师智慧是教师作为教学个体，通过教学实践活动的展开与自身教学经验以及具体的教学现象所结合得出的教学感悟，并通过深入的探索以及敏锐机智的洞察力能够对教学中出现的多种情感融会贯通，使其达到一致的境界的综合能力。在前者的理论研究中，教学智慧的价值取向需要通过教与学相结合所得的合理追求所体现，后者的理论研究中，实践智慧是教师教学中所产生的所有情感的一致境界。

二、教师教学智慧的内涵与实践规定

教师的教学智慧：教师在课堂教学中通过实践活动的展开所体现出的一种实践智慧。由于教师在学校中的身份与工作存在一定的特殊性，因此教师教学的施加领域并不只是在课堂教学中，更是需要通过班级管理、教材教学、教师科研学习，以及对学校内行政事务的处理等多方面所体现。但是显而易见的是教学智慧是教师教学活动中所获取的实践智慧中最为重要的一种类型。教育学术界中学者对智慧的认知与表达存在一定的差异，但是在本质上都是有相应的共性，与亚里士多德的理论以及当代学者在探究中对实践智慧的定义相结合，对教师教学智慧的理解与认知以及把握需要从教师通过教学所产生的教学智慧与具体情境的结合，对教学情境的感知、理解与决策与教师教学智慧对“善”的追求以及教学行为的适度性四个方面所展开。

（一）教师教学智慧产生于具体的教学情境

实践智慧的产生与教学具体情境相关，因此教师教学智慧的产生同样与教学的具体情境相关联。对于教师而言，教学中所要面对的教学情境是不可预知与无法预知的，因此教学情境不存在统一性，教学中不仅需要传授知识，教师还要与学生产生互动，而与学生的互动情景会因为学生所表现出的情绪不同产生不同的教学情境，由于学生个体之间存在较大的差异性，教师在同一时间面对众多学生不同的学习情绪需要做出相应的反应，由此可知教学情境的复杂性不言而喻。虽然在教学中无法明确对教师所要面临的情况进行判断，但是在教学实践过程中根据以往的教学经验，教师可以通过教学智慧对学生所发生的教学情境进行分类，能够很好地帮助教师处理教学情境，更有助于教师对教学智慧的充分把握与熟练运用。

教师在课堂教学中所要面临的教学情境具有较大的变化性与复杂性，主要包含下列多种情况：

（1）教学目的的选择，教师在教学活动的开展中不仅需要与课程标准相结合，更要与自身教学理念以及教学经验相结合，因此教学互动的展开需要教师能够对以上两种标准与理念进行充分的调节与选择，不仅如此，教师需要确保教学目的的设立与学生的实际教学需求相符合，由于课程标准存在一定的模糊性，对教学活动不具有针对性，教师在使用课程标准时需要与自身的教学经验相结合科学合理的选择教学目的。

（2）教学材料与教学内容的组织设计，教师在教学中需要充分考虑到学生的实际知识接受水平与知识的理解能力，对教材知识的选择以及课堂教学的组织形式与知识相关的教学主体与教学问题的合理制定，并根据学生在教学中的实时反馈及时对教学方案进行调整。

（3）教师与学生之间的互动情景以及学生与学生之间的互动情景都会在日常课堂教学中产生，且双方之间的活动并不单纯来自教学，更与学生的日常行为、学习态度以及教学情感等多方面有关。教师在教学中需要及时应对多种突发情况的产生。

（4）教学策略的选择与应用。教师在实际的教学中需要根据学生的知识掌握程度以及教学的进程对教学情况进行适当的改变与调节，以适应学生的需求发展为主。

（二）教师的教学智慧是对当下情境的感知、辨别与决策

课堂教学目标的设置需要与教师教学以及学生的学习情况相结合，但是在实际的课堂教学目标设置中，教师所开展的课堂教学活动以及与学生之间产生互动都是为了能够达到备课设定，因此有时会对当前所发生的情境“视而不见”，但是为了促进教师与学生之间情感的产生以及彼此之间对教学智慧的情境相联系。

（三）教师的教学智慧在于对“善”的追求

当教师在面对课堂教学中所产生的不同教学情境时，教师所产生的应对反应各不相同。如，学生在课堂中肆意吵闹，为了使学生安静，教师可以采取威胁活动惩罚的措施；为了帮助学生掌握教材知识，教师会为学生安排大量的练习而不顾学生的负担；教师同样为了达到学校所制定的教学目标采取灌输式教学。教师在教学中为达到教学目的可以采取多种方式使学生在课堂中根据自己的设想产生反应，这种情况的控制发生并不困难。因为就如教师所言，在教学中教师拥有绝对的权威性，而小学中的学生十分单纯，对教师存在一种天生的畏惧心理，在课堂中会无条件服从教师的安排。但是以上多种教学方式很难称其具有教学智慧。智慧是通过正确的判断力对所要做出的行为进行正确选择的能力。简言之，教学智慧不仅是对善的目的的指向，更是对善的手段的引导。如果在教学中为了有效达到教学目的而采取不良措施，多种行为的产生都不具备智慧。

但是教学中何为善与好？课堂教学活动的展开不仅是对教学知识有效性传递的足球，更是对教学对象学生成长的关注，使其能够朝着“好”与“善”的方向发展与成长，此种教学状态是教学真正的生命力含义。正如诺丁斯所言，学校办学的主要任务是对孩子的关心。在孩子的教育中，不仅要教授他们怎样竞争，更需要教会他们怎样表达关心，学会关心。教育活动的主要目的是对有能力的人进行鼓励，教会他们关心他人，爱护他人以及成长为被他人所关爱、关心与关怀的人。教学智慧价值取向的确定不仅需要教师在教学活动中多加注意学生成绩的提升，更要促进学生在教学中自身的真正发展，使学生学会关心、学会思考、学习“智慧”。因此，教师在教学中需要充分把握教学原则，时刻保持向“善”的教学理念，将教学智慧在教学活动中充分展现。

（四）教师的教学智慧意味着行为的适度性

在“智慧”的形成中，将适度作为对行为尺度的衡量标准。在教学领域中，教师通过教学获得一定的个人利益，如自身教学支撑的晋升、薪资水平、福利待遇、知识积累程度以及自身在教学活动中所获得的幸福感与价值感等；但是教师

在教学活动中与之相关的利益是他人利益，不仅包括学生的利益，更包含了学校利益与其他教师的个人利益等。在教师教学智慧的影响下，适度性对其进行了要求，再具体的情境中需要保持多方利益的平衡性。对于教学目的的选择，教师不仅要考虑到课程标准大纲的要求，教师自身教学情感的需求，更需要与学生知识水平以及自身的价值理念相结合；在设计教学材料与教学内容的组织中，教师为确保学生对知识的接受能力，需要将学科知识与学生水平以及课程教学进度等多方面相结合，使多方面的关系处于平衡状态；在教师与学生的教学活动中，教师需要根据自身与学生的关系进行适当的平衡，以及学生与学生之间的关系需要保持“和谐”；在教学策略的选择与应用上，教师教学智慧的体现需要根据具体的教学情境、知识的性质以及学生当时的学习状态与自身能力相结合，将多种因素进行调和。由此可知，教师教学智慧大多应用于课堂教学活动中，因此，教师需要在课堂中将自身利益与学生利益相结合，对其展开综合的辨别与整合。

综上所述，教师教学智慧的产生主要是教师在教学活动中对具体情境的感知、辨识与应对。但是具体情境并不只是产生于教师深刻的具体过程，一是教师课堂的整个教学过程中都存在一定的可能性，大致包括：教学目的的选择、教学材料与教学内容的组织设计、教师与学生、学生与学生之间的教学互动、教学策略的选择与应用。二是教师需要通过教学智慧对学生的“善”进行适当的引导与激发，对学生行为的适度性加以规范，以上多种内容的存在就是对教师是否具有教学智慧的重要判别标准。因而，教师教学智慧的培养需要从两方面内容展开：其一，是对教师具体情境感知力、辨识力与应对能力的提升。其中应对能力是指教师教学行为需要具有一定的适度性，即教师需要对教学中的多种利益、多种关系进行平衡。其二，是对教师内化价值理念的促进，对学生的“善”进行引导。

第四节 课堂教学的改进与措施

一、小学生学业负担的现状

所谓负担，就是指费用、开支；承受的责任；承当。通过引申则将其定义为：在物质或精神方面所承受的一定的压力、担当、责任等。在现代汉语中，负担常被解释为难以承受的东西。在教育中，所谓的“减轻学生负担”，是指在教学活动中需要根据学生的实际承载能力展开教育焦旭活动，避免造成有效资源过度占用的情况。但是在现阶段的小学教育教学中，课堂教学活动中常会出现一些知识内容是学生无法承受的，这种情况的造成原因常常是因为教学者在教学课堂中没有真正对学生的负担进行了解，对学生的负担最大限度缺少充分的认知。

对有效资源的过度占用可能会出现一定的“负担过重”现象，其主要表现在由外显到内隐，由有形到无形的多重层面上。在发展中，人们通常十分容易的就会意识到对物资资源的占用过度情况；但是在教学中，教师可能会对学生时间的占用有所意识；但是通常情况下，在教学中最容易忽略且对学生的影响最大的就是对学生认知资源的占用过度。特别是在小学教育阶段，对小学生的教育而言，由于学生自身受到发展影响，无论是其心智抑或是生理水平在认知等方面皆有一定的限度，但是由于教学知识内容过多，教学中会十分容易就出现认知超载的情况，即学生对知识认知的负担过重，这种情况的产生最终会导致学生认知加工功能的消失，在教学中对知识的承受与提高难以顺利进行，最终对学习效果产生影响。

为有效改变小学生在教学过程中的认知负担过重，江东区中心小学提出了“轻负高质”智慧课堂的理念，在这个理念的形成与构建过程中，不仅是对学生知识承受的减轻，更是帮助全体教师对学生的负担问题不断进行深化与充分认知了解的过程。简言之，当学校在开始“减负”工作之后，其所关注的焦点便从对物资资源有限性的认知转化为对时间资源的有限认知，最终聚集在对认知资源的有限性的充分认知，对“轻负教学”的追求整体通过了是三个变化阶段，主要从“低碳”教学提升至“精练”教学再到“三精”教学。

在“轻负高质”智慧课堂教学理念的提出之始，江东区中心小学在探索与实践中便发现教学过程中物资消耗的问题，在教学活动的开展中，由于教学设备的消耗过多，教师与学生需要合理规划与使用所需的教学材料，避免过多的浪费。在教学中可能会出现多种因为考虑不周导致教学设备使用率过低，材料浪费情况屡禁不止，更为对学生的家庭造成额外的经济负担，因此，教师为有效改变以上情况的产生，通过运用自身的智慧将教学中的物品与设备充分使用，避免造成不必要的浪费；除此之外，学校还提出，在教学活动中，秉持着经济实惠的原则，学校为每一位学生准备学习用具和生活用品。比如，学生教育教学随着素质教育的发展对学生的体能要求不断提高，在体育教学中可能会涉及多种体育器材的使用，但是当回到家中之后，由于体育器材的缺少，学生无法时刻保持体育锻炼，为此，体育组的教师们可以教会学生如何使用家中的常见物作为锻炼器材的代替品；又如美术课教学中会涉及手工课，以往手工课教学多数情况会是学生买的全新的材料，这种情况会导致资源浪费，因此教师可以借助生活中常见的物品作为手工课的主要内容，通过变废为宝等教学提高资源使用率。以上等等多种资源有效使用与循环利用的教学内容是通过全体教师集思广益与自身的教学经验相结合，为学生家庭减少不必要的经济负担，更能够通过以身作则为学生树立良好的学习榜样。

在当前社会经济发展的不断提升中，无论是家长抑或是教师都逐渐认识到，所谓学生的负担不单单指的是教学中所产生的经济负担，更严重的应该是学生在学习中产生的学习负担，特别是教师在无形中占据学生校内休闲活动的时间并借此安排布置一些额外的“隐性授课”，以及教师为学生预留过多的教学作业，学生为确保作业的完成需要付出大量的精力与时间。以上等多种教学情况对学生与家长造成了极大的负担。如上述所言，教师对学生个人资源的占据这一问题在当前教学中十分普遍，而该问题的出现本质主要是因为教师在教学中没有顾及学生的实际感受，对学生的时间占用过多，向学生传授的知识过多，学生无法承受，在教学中感觉到了负担过重。以这种认知作为基础，为有效改变这种情况，江东区中心小学提出了“精练”教学，采用削枝强干的教学方式，要求教师在教学应该确保教学效率，针对教学内容有取有舍、有扶有放，确定教学的主要中心内容进行重点突破。在课堂练习中应该对练习题适当选择，去报学生能够当堂完成，教师当堂订正，当堂对学生进行及时指导改正，尽量确保所有的问题能够当堂解决。

但是在“精练”教学的实际推广过程中，教师们通过一段时间的实践发现，即使教师在教学中尽量将所有问题在课内解决，不过多占用学生的课外实践资源，但是在与学生互动中，教师能够从学生的眼中偶尔看到一丝困惑和无奈，教师能够看懂学生在学习中还是承受着某种无形的负担，有些时候课堂教学仍然会使学生感受到吃力，难以呈现出轻松的学习状态。“轻负高质”教学理念的提出与实践在过程中虽然有效减少了学生的作业的负担，但同时对作业与教学质量提供了极大的保障。虽然作业减少了，书包变轻了，但无论是教师还是学生都不能降低对自己的要求，学生在教学中的发展与进步同样需要教师们的严抓共管。教学活动展开的主要目的是促进学生学习，帮助学生提升其自身的心智发展。因此，教学目的的完成需要多种认知作为促进条件，在教学中是不能够被省略的，这些过程是学生对知识信息主动处理并产生认知操作的过程。但是学生作为“人”，其本身的认知资源是有限的，在同一时间内，对信息的处理是有一定的限量的，如果认知能力耗尽则难以确保信息加工的完成，则会出现认知负担过重的情况，这种状态下学生在教学中会在主观意识中出现“困难”的感觉，这是因为对知识信息的认知转换过程没有完成，则学习目标同时也无法达到。因此，在教学发展中，教师如何有效把控学生的认知负担，通过教学智慧使学生在学习中能够处于轻松的状态成为“轻负高质”教学理念建立与实现过程中，教师需要不断研究与探索的问题。通过多年来的教学研究以及对相关教育学、心理学等多种与教学相关理论的深入研究，并通过在实际教学中的反复实践，教师们针对“轻负高质”教学的建立总结了认知负担的教学改变方式发现，开展“三精”教学能够有效促进“轻负高质”教学模式的建立。

二、“三精”教学在学校课堂改革的方式与成效

（一）改进与增值：智慧讲堂的“炼金术”

教学活动中对“轻负高质”教学模式的追求，并非是对教师的教学进行一定的控制与改变，而是通过教师带领学生一同展开深入教学，是学生在教学中能够更好地达到学习状态。

在教学活动中，为了促进全校教师对教学成果的共享，是全校教师都能够学习到探究教学中的智慧，加强教学中每一个学科与每一位教师在教学中都能够实现“轻负高质”的教学模式，以及“三精”教学理念对每一位教师的实际影响都是推动课堂改进实施计划的重要因素。

所谓的课堂改进实施计划是指，在校内教学活动中建立智慧课堂、通过有效的教学研究促进教师之间的合作与发展，是促进教学活动的重要举措。在课堂改进实施计划的具体规划中，其实施程序主要分为三级推进，层层深入。首先，立足教学常规，关注教学过程，使教师心中保持教学规则；其次，基于教学常态，注重教学实效，使教师手中把握教学技术；最后，着眼教学整体，合作共赢，使教师脑中存在教学智慧。

1. 立足常规，关注过程，让教师心中有规则

学校以“五认真”作为课堂教学活动的开展基础，并进行教学改进过程，立足教学活动的常规，加强教学改进对学生学习的优化，夯实学生的知识掌握基础，促进学生的高效发展。同时需要学校加强教学备课组建设，力求做到“三公开”，即：备课过程的公开、备课资料的公开、教学经验的公开；“四必备”，即：教材的准备、教学方法的准备、学生教学状态的准备、教学作业的准备；“五统一”，即：教学目标的统一、教学计划的统一、教学进度的统一、教学资料的统一、目标检测的统一；定时根据教学进度展开“聚焦课堂”的常规月活动，确保教学课堂中每一节课都具有十分精彩的内容，使教学作业更加有效，对学生学习内容的评价更加科学，使教师的教学辅导更加具有针对性。在具体的教学实施中，学校应该将备课组、教研组、教育督导组采取“三位一体”的方式促进教师之间对教学“五认真”的督察和交流，加强教师的责任意识，强化教师的工作观念，使教师在教学中做到事无巨细的工作标准。

除此之外，教师在建立“轻负高质”课堂的同时需要与学生的实际情况相结合，并对学生进行实时把控，与学生认知负担的基本规则相遵守，即做到对固有认知负担的分解，避免认知资源浪费以及对认知资源的充分调动的三条原则，这不仅是建立智慧课堂的基础要求，更是确保课堂教学有效性的重要前提。

2. 基于常态，注重实效，让教师手中有技术

教师教学技术的掌握与提高需要具备极强的教学活动作为支撑，因此在教学

中学校需要不断对校本教研活动的开展与丰富，加强常态课的研讨，以此促进教师专业技术与专业知识的提高；例如，“开学第一课”“请到我的课堂来”以及“你的课堂我观察”与“我的课堂我反思”等以上多种教学活动的开展不仅能够促进教师的教学能力提升，更能够通过对其他教师教学方式的观察与借鉴，加强自身的教学能力。

通过教师之间教学知识与教学模式的相互学习与借鉴，能够促进教师之间有效的教学方式的共享，针对课堂教学中“三精”策略的实施进行规律总结与归纳，并通过教师们的不断改进与完善使其能够在全校教师中得到良好的运用。“三精”并非是教学中课堂教学的固定化规律，而是通过全校教师共同合作、相互借鉴与分享所得的智慧结晶，通过不断的总结与实践所得的内容在教学中被每一位教师所充实、填补、完善，最终成为了全校教师共同的智慧结晶，是属于全校教师的工作经验，在不断的实践与验证过程中时期成为了行之有效的学习成果。“三精”策略在实践中具有较强的实效性十分值得推广，能够在日常的教学中发挥自身的最大作用。

3. 着眼整体，合作共赢，让教师脑中有智慧

学校在发展中应该注重团队的力量，提倡“团队协作、优势互补”，达到“人人都动起来，人人都发展起来”发展目标的实现。对于青年教师而言，应该采用“分层孵化、一徒多师”的培养方式，通过多种学习交流活动的展开与参加，使教师达到“人尽其才、各显所能”的状态，在主题研讨活动的开展中，应该积极促进教师之间的交流，使“对话成为一种制度，交流成为一种习惯”。多种教学活动展开将所有的教师凝聚在一起，以此激发教师在教学中的教育激情，从而推动教师教育智慧的产生。

当教师心中始终保持教学规则，手中具备一定的教学技术滞后，学校对教学的要求不能止步于对“三精”教学的完成，更要不断提升自己，使自身能力可以达到“精益求精”的程度。通过“规范课堂”的发展转化为“有效课堂”在此过程中加深教师教学活动的认知，即使教师认识到：“教学课堂中的学生是鲜活的个体，课堂是生活的体现，方法是灵活的运用。”教书只是达到育人目的的一个手段，对方法与技术的总结并不是最终目标，教师作为实施者，在过程中需要将教学活动、工作态度以及对教学的本质充分体现。教学过程中教师应该加强对课堂智慧的需求，注意教学细节，更应该注重教学整体发展。对于学生的认知，是完整的个体，对课堂的教学认知，是整体的教学任务，对教学问题的解决应该从根本出发。

通过上述内容的总结，所得结果便是教学中实现“轻负高质”课堂，倡导“三精”教学理念以及促进教师发展，培育教师智慧的三个层面。但是课堂的改进实施计划对学校而言是没有终止的，因为在改进教学的过程中，被改变的是教

学，但是提升的是教师与学生。课堂的改进计划实施同时是对教师增值计划的落实。教师的成就感与价值感是需要通过自身在工作中所获得的进步而体现。在当前江东区中心小学的发展中，学校课堂的改进已经逐渐从“学校要求”发展转化为“教师追求”。这种发展状态的变化同时是学校在倡导“三精”教学理念初期，对课堂智慧进行寻求时所希望出现的景象。

（二）“精讲”“精练”“精评”：智慧教学的策略

1. 汇聚集体智慧，确定课程学习任务

教材作为教学活动开展的主要内容，在教学活动的展开之前，教师需要对教学、课标、学生全部“吃透”，掌握透，教师通过对三者的全部掌握与合理分析之后才能够根据实际教学要求制定相应的教学准备与教学安排。

在设计教学教案与教学组织活动的过程中，学校各学科组都需要加强对课程的准备，将教科组的所有教师的智慧集中，对教学活动进行集中探讨，针对“如何上好这节课，如何开展这个单元”这一复杂而具有一定开放性的问题进行深入的探讨与研究。共同教学理念的保持是教师开展合作备课的重要基础，而教师们开展合作教研的同时在实际合作过程中需要时刻保持四字真言，即“以学论教”。具体地说，教学常规要求教学中基本的课堂流程能够顺利实现，确保所有学生在课堂教学过程中都能够加入到教学活动，避免出现“无学习”情况；教学技术则要求学生在教学过程中能够达到内容认知变化的有效实现，而不是在课堂中做表面功夫，最终一无所获，避免出现“假学习”情况；教学智慧的发挥则要求在教学活动的整体展开中，课堂内容与教学知识需要与学生生活相联系，使学生热爱参与教学活动，愿意表现自己，乐于表达自己，主动努力学习，且在学习中能够时刻处于心情愉悦和轻松的状态，避免出现“苦学习”或“笨学习”情况。总而言之，集体教研并不是以“教师们课堂教学的活动?”作为出发点，应该将“学生们要在课上做什么、想什么?”“一个课时或单元之后，学生能做什么。”作为教学活动的主要出发点以及教学活动的主要研究内容。通过教研组的各备课组长组织、对组内教师进行教学目标的共同确定，这一教学目标的设定并不是对教师课堂教学活动的限制，而是将学生在课堂教学中所有完成的学习任务进行明确。并非是统一教学教案的制定，对教师采取通过教学的管理，而是度教学内容与练习内容以及学生应该达到的水平进行确定，之后开发所有教师的智慧共同探讨应该怎样制定更好地与学生需求更适应的教学策略与教学方法。以上便是“以学论教”的主要体现。

对课程学习任务的确定，是学生在课程学习接收后能够得到实际提升的心智活动。换言之，这项活动的展开能够促进学生在以后的发展中达到真正的运用的活动，是与学生当下、将来各方面内容相联系的，具有一定意义性的思维与行为，并不是单独地对某项事实的记忆，或是对某种教学联系的单纯掌握。

但是对学习任务的确定，不仅需要与课程标准相结合对其进行充分深入的理解，还需要教师与自身的教学经验相结合，采取自主的课程决策方式，与自身对教学活动的判断和创造相结合。教师在教学活动中应该是对教材进行使用，而不是对教材的教学，教学中教师可以根据对学习任务的确定选择适当的教学材料，这也是教师教学智慧的发挥，更是教学发展的合作追求，以此确定课程学习任务。但是在学习任务的制定中，着眼整体是最为重要的原则。

2. 充分研究学情，预先设计教学支持和教学评价

在学习任务的确定过程中，需要保持学习任务的真实性与完整性，且需要具备一定的现实意义，更重要的是与学生身心发展水平相结合。当教师展开新教学课程之前，对学生已有知识的基础了解与掌握是极为重要的。但是在小学教学中常会有多种情况的出现，就是教师对学生的心智水平评价过高，但是学生常常会在教学中出现意想不到的状况。当学生在学习新知识中，缺乏相关知识内容作为发展背景的支持，则其实际学习会消耗大量的精力与实践对新知识进行掌握与了解，最终教师会发现教师因为基本知识的缺乏，新知识体系根本无法有效掌握。例如：有些教师在科学与自然的课程中，为了帮助学生充分掌握学习知识，不仅为学生展示图片，更是为学生现场做演示，最后会请同学们就教学问题展开深入讨论，但这种时候学生之间却是面面相觑的情况，全场鸦雀无声。之后教师才知道，学生对问题中的基本内容根本不理解，无法展开相关讨论。

教学中有很多类似教学情境的出现，这种情形出现的主要原因是学生在学习中缺少相关知识，或者是对以往的旧知掌握不牢固，在遇到不理解的教学内容时会通过猜想进行学习，这种情况下对认知资源形成了大量的占用，从而导致认知负担过重，学生无法通过有效的学习完成对自己有效的理解模式的建立。

因此，在新知识内容的课堂教学之前，教师可以通过以下三方面问题对自己进行引导，帮助自身加强对学生学习情况的了解，并度教学支持进行相关的设计：

（1）学生对新知识内容的相关知识是否掌握？

如果学生的记忆库中含有相关知识，则教师教学活动的展开应该以旧知的激发与复习作为课程起点，通过向学生提问相关知识问题是较为有效的选择。

（2）学生对新知识的相关可比知识是否掌握？

如果学生对于新知识的相关可比知识具有一定程度的掌握，则教师可以设计一个与之相关的教学知识点，例如，在进行李白的诗词教学之前，教师可以先讲一些关于杜甫的知识，以此进行一个对比。

（3）你能够为学生建立相关的知识基础体系吗？

如果学生在记忆中没有与新知识相关的知识或可以相对比的知识库存时，教

师可以通过安排一些课前预习任务帮助其建立一定的知识基础，以此有利于课中教学能够十分容易的理解知识。

教学活动的展开中需要与学生课堂学习任务相结合，并根据之前的学习任务对教学资源进行一定的考虑以便促进教学支持的使用。在教学活动中所出现的教学支持能够使用在新知识的教学之前，同样也可以与新知识的传授相融合。如果教学中所遇到的学习任务较为复杂，在教学活动中完成度较大，则可以采取预先进行补充教学的方式促进学生对知识的掌握。只有对学习任务进行明确，才能够确立学生在教学中所要完成的目标，才可以选择与开发适当的教学练习以此作为目标达成的促进条件，但在过程中，教师应该充分了解练习题与学习目标之间的关系。同时，教师需要提前确定学生在完成学习任务后，为了对学生的学习记过进行评价的习题内容，不能在课程开始之后进行确定，这样过程中可能存在不确定性。更深入地说，对教学成果与学习结果评价所使用的习题需要在教学任务确定之后在思考如何授课的同时就要对其进行内容确定，采取先设计评价，后考虑教学内容的方式。这是由于当课程学习任务确定之后，就应该针对学生发展中所存在的一定认知与行为等变化进行细节化，即使不能将其全部细化，也应该细化一定部分。学生教学中会出现一定的变化并通过一些维度将其展现，对学生是否发生变化的判断需要通过评价手段对其进行确定。当确定了如何对学生进行变化的观察与评定支护，会更加有利于怎样促进学生知识的获取以此进行教学支持。由此可知，教学评价的开发与设计在教学过程的设计之前是完全不会对学生的学习产生影响的，并且教学评价就应该预先设计，之后在对课堂的教学方法进行思考，以此为基础对学生进行教学引导，确保学习完成。

第六章　小学教育学科教学实践创新

第一节　语文学科教学实践创新

在《论语》一书中曾有“知之者不如好之者，好之者不如乐之者”一说。布鲁纳，美国著名的心理学家也曾说过：“学习中所出现的最好刺激就是学生对所学知识的兴趣。”由此可见，兴趣是最好的老师，是学习的最佳动力。

在当前的语文教学中，教师偏向于对知识的传授，从而忽视了对学生语文学习动机的激发，对语文学习兴趣的培养以及对语文知识运用能力的训练。在《义务教育语文课程标准》中，针对语文教学指出，语文教学中的阅读教学需要针对学生的阅读兴趣进行培养，不断扩大学生的阅读面，使学生的阅读量得到有效提高，适当减少习题练习，提倡“多读书，读好书，好读书”的阅读模式，鼓励学生对阅读材料进行自主的选择，根据自己的喜好选择阅读物，并坚持读整本书。以上内容的提出为小学语文的教学提供了发展方向。语文教学中的智慧体现主要对学生进行语文学习兴趣的培养，使学生能够保持持久的学习兴趣，在语文学习中达到乐学、善学、会学的状态，进入“学而忘我，乐此不疲”的学习情境。

一、“导学单引领，先学后教”模式

新的教学模式的探索需要教师发现发展规律，通过对学生趣味阅读进行教师教学方式的改变。在以往的教学过程中，常常是以教师教、学生听的方式展开教学，长此以往学生在学习中的积极性将会逐渐消失，对于学生学习探究兴趣的激发需要教师改变传统的教学方式，对教学模式进行新的探索。江东区中心小学语文教研组为了促进学生阅读兴趣的提高，提出了新的阅读教学模式，即“导学单引领，先学后教”，通过多次反复的实践可以发现学生在课堂教学中的学习状态十分投入，能够将学生的学习状态充分展现。现以六年级上学期《我的伯父鲁迅先生》一课为例，通过与课文相结合进行“导学单引领，先学后教”模式内涵的实践探究。

第一环节，导学激趣——引起认知冲突。

教师在课堂教学活动的开始之前设计教学导学单，导学单的设计主要是根据

课文内容，从字词的认识、课文的熟读、文章发展线索的梳理三方面作为教学引导方向，以此展开学生的自学过程。在课堂学习中，导学单的作用不仅是帮助学生在课前对课文内容做一个充分的预习，更重要的是对学生学习习惯的培养，通过长时间的预习学习模式的进行，长此以往，即使没有导学单学生也会养成良好的预习习惯。在课堂开始初期，由于学生通过预习已经获得一定的学习效果，在课堂开始之后能够更好地梳理文章内容，将课堂时间有效节约。当学生在课堂中的注意力达到最为集中的时段时，教师可以通过问题的提出激发学生之间认知的冲突，以此提高学生的学习兴趣。如：针对课文《我的伯父鲁迅先生》学习中，教师可以提出："为何作者称了伯父还要称'先生'?"通过问题的提出能够更加激发学生对文章的阅读兴趣以此展开优质的读写活动。

第二环节，先学后教——发掘学生创造。

以小组为单位，围绕"为何作者称了伯父还要称'先生'?"展开思维教学，如逻辑思维下对作者的称呼进行思考，学生的好奇心与探究性被充分激发。各小组所展示出的理由与展示方式各不相同，有的采用口述形式，有的采用文章朗读形式。虽然多种表述方式在语文教学中经常使用，但是通过学生自身发现并运用的能力能够促进学生的能力提高，更是对学生的转述能力与概括能力进行了针对性的训练，将书本语言转化为自身的语言，学生将自身对语言文字的理解充分表现。

第三环节，研学显趣——提高思维含量。

无论是在课堂小组自学中进行"先学后教"模式教学还是在最终的教学成果展示中，教师通过一段时间的教学发现：学生在学习过程中虽然能根据对课文中的描述形成自身的理解，但是在此变化过程中，学生的实际表述能力只是根据课文的叙述，并不是自身的充分理解，这种状态的改变需要教师对其进行深入的实践，学生应该具有一定的学习意识，即当自身遇到无法理解且无法突破的问题时，应该适当请求教师的帮助与引导。所以，在课堂教学中，教师通过挑选小组代表之后在台上展示学习成果会发现同样的问题，这时就需要教师根据情况提出问题：作者在写鲁迅伯父的时候，是否是将自己作为侄女的角度去写。当作者对鲁迅伯父怀有一定的尊敬之意的时候，是否应该改变称呼，那么作者对鲁迅伯父的称呼的改变是不是因为对伯父的感情发生的变化？这种点拨式的教学引导是学生重新对课文进行审视，并通过再次的阅读和理解能够清晰地将作者的情感充分表达。通过教师的引导，学生们豁然开朗，能够轻易地读懂作者想要表达的感情。

学生自主学习能力的体现还包括略读课的教学，在略读课的教学中，教师通过对学生进行适当的引导，使学生自主进行阅读实践活动，使其能够有效提高自身的阅读能力。同时还可以加强学生对文章主旨的把握。学校中语文教师通过采取选择+自我表达的方式对学生展开了深入的教学引导。

通过这种教学方式的引导不仅能够帮助学生充分掌握文章的中心内容与主旨含义，同时还可以对学生进行多元化的阅读理解引导，是学生通过略读课能够真正体会到阅读的乐趣，加强对学生阅读能力的培养。同时根据学生的阅读感悟可以发现学生在自主学习中领悟了更多教师所不曾指出的内容，从文中读出了对亲人的思念、对学者的尊敬、对文化的崇拜等。

由此可知，在语文教学中，有趣的课堂能够在张弛有度的教学状态下激发学生的学习兴趣，提高学生的阅读积极性，使学生在轻松的状态下学习到更多的知识。

二、以趣味为中心的阅读模式

在五年级的人教版语文教学过程中，语文教师对趣味阅读做了相关的研究与探索，通过与课文《学会看病》相结合展开了以下教学措施。

（一）准确解读文本，捕捉“动情点”

课文中关于叙事类的文章通常都具有一定的“动情点”。所谓“动情点”，就是指文章中最能够引发读者共鸣，打动读者的地方。教学中需要教师找准“动情点”，以此作为激发学生阅读兴趣的刺激点。课文《学会看病》主要讲述了儿子感冒身体不舒服，而妈妈要他独自去医院看病，儿子最终学会自己看病的故事。母亲通过拒绝的方式帮助儿子学会独立，而对儿子的独立能力加以锻炼。文章中所体现出的母亲对儿子的爱是十分浓厚的，通过文章中母爱的体现便能激发学生的感动之情与阅读的兴趣，且课文中所讲述的母爱是深沉而又理性的，与普通母爱的深情流露不同，文章中的母亲对儿子的母爱是十分内敛的。在此基础上，教师最初为学生进行的教学引导是“狠心”。并将“母亲是否狠心”作为贯穿整个课堂教学与文章学习的主要线索。对学生进行课堂教学安排，要求学生首先在全篇初读的基础上将文章中母亲的心理活动标记出来，同时将所有能够体现母亲心理状态的词语进行着重标记，或者可以在教材中对母亲的心理活动进行感受批注。使学生通过对母亲的心理活动描写的内容进行深入的研究与分析，能够体会到母亲让儿子单独去医院看病是“狠心”的，但是其中所透露出来的对儿子的牵挂同样是无法忽视的，其背后是深深的母爱。

（二）联系生活补白，寻找“兴趣点”

教材文本是语文教学中的主要传播载体，在教学中不仅向学生提供了学习范本，更为学生提供了极为丰富的学习资源，十分有利于学生在说写等方面的联系，成为教师在课堂教学中需要充分利用的课程资源。因此在教学中教师需要根据学生的兴趣点寻找学生的“学习开关”，以此促进学生说写训练目的的实现。

学生在语文教学中对文章阅读的理解是以学生的生活经验作为基础与依据。因此，语文教学过程中教师应该从多个角度对学生进行引导，并根据学生的生活经验设计多元化的写作素材，以此激发学生写作兴趣。阅读写作的教学中，教师应该引导学生怎样通过对人物心理活动的描写加强写作方法。通过文本的整体学习与阅读理解，教师与学生一同将文章中所描写的母亲的情感变化展示出来，之后教师对学生进行角色转换引导，使学生能够从自身的角度出发，细想自身生病看病的精力，并对文章中儿子在看病过程中出现了怎样的复杂心理变化，尝试将文章中儿子的情感变化心理图描述出来。通过教师对学生角色转换的引导、对学生进行同理心的感受，以此激发学生对母爱的体会，通过用文章对儿子心理变化描写的关键词对儿子的整体心理进行总结概括。这样角色转换的教学方式能够拉近与学生之间的关系，更能够加强学生对母爱的倾诉欲望，以此为写作奠定基础，最后对文章中儿子的心理进行补白，通过情感的转换将自身对母爱的感受充分抒发。

（三）手段形式多样，激活“兴奋点”

学习中对学生“兴奋点”的激发是对学生学习积极性的调动，使学生在教学中长时间处于兴奋状态，使学生能够保持最佳状态，能够在最轻松愉快的状态下获取知识。在教学中通过多种教学手段的运用以此加强学生对文章的理解，将课堂学习气氛充分调动，激发学生的学习兴趣，刺激学生的学习热情。

例如在《学会看病》的课程设计时，教师需要针对学生实际学习的差距进行全面的考虑，确保在教学中能够顾及所有学生的学习感受，在针对文章中儿子的心理活动进行补白时，教师可以根据文章内容设计三方面的练笔情境。第一次练习应该是转换人称，将文章中母亲的语言转换为儿子的语言，采取句式迁移的方式展开写作练习。如：“我想妈妈一定是世上最狠心的母亲，在我有病的时候，不但不帮助我，还给我雪上加霜。她就是想锻炼我，也该领着我一道去，一路上指点指点，让我先有个印象，以后再按图索骥。来日方长，又何必在意这病中的分分秒秒呢?”句式的转换在一定程度上降低了学生对文章理解的难度，同时对学生为儿子进行心理补白的欲望达到了一定的刺激，使学生对文章的写作欲望提升；第二次是对文章中母亲心理活动句子的仿写，在此过程中学生由于对母亲的想法缺少一定的感同身受，因此可以寻求教师的帮助对其进行引导，适当加入一些儿子心理变化的活动描写。写作过程中，模仿的教学方式需要加入一定的创造力，使学生在学习中能够适当提升自身的想象力。第三次是将其作为课后的补充作业，让学生独自对《学会看病》文章进行仿写，《独自看病》可以作为学生的仿写题目，通过前两次的写作练习作为基础，学生在课后自主急性文章仿写时会更加富有情绪使文章内容更加丰富。多样化的练习方式能够加强对学生写作能力的提高，无论是针对学习能力较强或学习能力较弱的学生而言，在实践中所提升的能力得到了极大的提升，这种状态下的学习会促进课堂增量。

三、基于习题的板块模式

在语文教学中第三学段的学习教材内通常会每个单元设计两篇精读课文，在精读课文的设计中，针对其主要精度要求在文章后的习题设计类型十分丰富，且每一个问题的侧重点与考查点各不相同。在精读文章的第一部分，大多是对文章进行朗读、默读，将“读”在语文教学中的重要性充分体现。第二部分大多侧重于对文章的内容的理解，通过对文章内容所包含的思想感情进行理解，加强学生对文章中表达方式的掌握，并听过对学生学习方法的确定告知，可以选择不同的学习方式展开文章学习，如默读的方式对文章展开深入理解，或者是通过小组讨论交流的方式加强学习。第三部分则多是通过对文章主要内容与关键词句的理解，通过阅读中上下文章的联系，与自身的学习经验相结合，加强自身对词句内容的深入理解，并对文章中的写作效果进行全面的体会。除此之外还会有多种题型供学生练习，如选择题，能够为学生促进对文章的理解，由此可见精读文章后的习题是具有极强的针对性的，且设计具有一定的层次性，程度的不同能够满足不同层次学生的学习需求。

《语文教师教学用书》是教师教学中的指导用书，能够为教师提供一定教学建议，书中针对教师的教学情况提出了：课文教学与学生学习情况的检测应该将课后习题作为主要的评价依据。在此基础上，江东区中心小学的语文教师在第三学段的教学过程中，根据课文教学要求与课后练习相结合，基于此建立的三精课堂。

通过多次教学中的实践发现，在语文教学中，由于文章涵盖量较大，学生对文章的学习程度要求各不相同，因此在教学中应该与课后的习题充分结合。在课堂教学中应该与文章中的词语教学相联系展开深入的相关训练。之后根据学生对文章的理解进行小组交流，加强学生自主学习性，首先应该将文章中的重点内容标示，之后通过相关句式的对比引导学生对文章的深度理解。

在课文的总结教学环节中，教师通过三精课堂的建立应该为学生提供一定的学习总结思路，通过总结说明教学中的联系加强学生对文章的概括能力，从而提升学生的逻辑性。如，在文章学习结束之后，教师让学生对文章中所讲述的内容进行整体的描述与概括，学生可以通过教师的引导采用不同的方式展开自身的理解表述，有的同学可能会采用列图表的方式对文章进行表达这种方法大多在科普性的课文中运用较多，又比如是画图式内容表达，能够将学生的内心情感充分表述，这种方法的使用大多会在叙事性的课文中。不同的文章类型所使用的表述方法各不相同，但是无论哪种表述方法的使用都能够在教学中对学生起到一定的积极作用，帮助学生加强对文章的深入理解。

综上所述，语文课堂教学中，教师通过课后习题引导学生对课文进行深入的理解与掌握，能够帮助学生有效地对文章的重难点进行挖掘、并将文章中想要表述的主旨大意充分突出，使得语文课堂学习更加快捷有效。

第二节 数学学科教学实践创新

一、数学教学中的“超越现象”

自新课程改革至今，教学中教师的教学方式、教学理念以及学生在教学中的学习方式都在无声中发生变化，其中尤以小学教育最为突出，特别是在小学数学教学中，会有一定的变化的出现使教师出现难以解决的困扰，例如“超越现象”的出现会使教师在教学中受到一定的影响。

（一）教辅资料越来越多

随着社会对教育重视程度的不断加深，为促进教育教学的多样化发展，在当前的教育市场中存在大量的种类繁多的教辅资料，在教学中对教辅资料的选择十分重要，但是名目繁多的资料让教师与学生在挑选时会出现一定的困扰。这种情况的出现原因一方面是因为在新课程教育改革的实施下，各版本教材内容出现，为有效帮助教师进行教学，教辅内容需要与教材内容相符合因此多样化的教辅资料层出不穷，另一个原因是因为在教育发展下，市场经济利益的不断加强，使得教辅资料的使用周期与更新速度逐渐增加。伴随着的便是多种教辅资料内容的不断增加，同时鱼目混珠的现象同样存在。通过市场调查可知，就小学数学而言，市场中每个年级的相关配套教辅资料至少有 20 多种，且每个学生除了教师与学校统一订购或指定的教辅之外，至少会自主购买两本相关的配套教辅资料，以此加强知识训练。

（二）学生练习量越来越大

随着新课程教育的改革，基础教育重要性的不断体现以及义务教育发展的不断扩大，学生在学校的学习量不断增大，随之增加的还包括学生的作业量。且学生每学年的知识复习周期越来越长，期中期末考试复习使用的试卷越来越多。为促进学生对知识的掌握教师对学生知识传递的频率越来越快，对学生学习的要求更加严格，为学生制定的学习习题不断增多，家长为确保学生学习成绩优异，同样想方设法地加强学生的知识练习。根据调查可知，在当前的小学基础教育中，一个四年级的小学生在期末复习阶段每天至少要做 3 张数学复习卷子以此巩固知识基础的掌握。

（三）学生做题速度越来越快

在以往的教学理念中，无论是教师还是家长都认为量变会带动质变，因此，当学生在学习中练习的数量足够多之后，学生自身的“题感”会逐渐增加，其中最明显的改变就是学生做题速度会逐渐加快。

以上所述“超越现象”的出现是当前新课程改革中最为主要的问题，教学中的教学现状以及多种现象的产生使教师与家长陷入了深深的思考：教学工作需要不断提高教学质量，但是教学质量的提高难道只能依靠于大量的题海式教学吗？以及学生做题速度不断加快是教学质量的提高标志吗？

二、数学教学需要“提速”吗？

数学是思维方式的主要展现内容，对学生思维能力的培养，对学生数学思维能力的提高是当前小学数学教学质量提高的重要内容。数学思维能力的培养是促进学生智商提升的主要出路。在教学中，对学生数学思维训练的有效性依赖于科学的教学指导。在当前的数学教学中，教师常常以解题速度的提高作为教学的主要目标，这种教学方式显然是不科学的。通过长时间的新课程改革影响，在教学中应该根据学生的实际学习能力制定相应的教学计划，且在教学中，数学教学质量的提高主要存在以下误区：

观点一：增量 增效

在数学教学中盲目的使用题海教学方式，不断增加学生的练习量，不仅无法确保学生实际学习效率的增加，使用过度可能会激发学生逆反心理的产生。虽然熟能生巧，但是熟也能生“笨”。大量的重复的机械化练习不仅会使学生在学习中陷入模式化的误区，长此以往会消磨学生学习的积极性，反而得不偿失。

观点二：提速 提质

在数学学习中，学生解题的速度很关键，但是解题速度的提升并不是盲目的促进，应该选择一定的科学方式，避免速度提升过快导致“超速”，这种情况下会使学生的数学思维逐渐疲劳。教师在教学中认为，数学的学习不仅需要提升学生的解题速度，更应该加强对学生数学思维的强化。因此，在数学的练习中，当确保学生的解题速度与学习速度达到一定的要求指标后，应该适当减缓学生的速度，对学生的学习进行适当的引导使其进行思考的世界，帮助学生养成良好的思考习惯与学习方式，能够在教学中达到较好的学习效率，以此促进教学质量的提高。

在以上教学现象的基础上展开相关的思考与分析，教师发现，在教学中不仅需要加强对学生学习水平显性能力的提升，更应该促进学生内容驱动力与学习力的隐性能力提升。

三、减速缓行——让学生遨游在思维的世界中

经过长期的教育实践证明，在教学中所获取的知识本身没有力量，当学生在教学中通过思维方式对知识进行获取的过程中或者是运用知识解决问题的当下才能够实现知识的力量，实现智慧的生成。在新课程改革的引导下，教育的快速发展使得教学知识的掌握要求逐渐变质，因此需要教师与学生适当减速缓行，将数学教学中的教学重心侧重于对学生思维能力的提升，以此引导学生获取思维知识的掌握，从而激发学生在学习中通过思考所体会的快乐。

（一）立足课堂，构筑“三精”教学，把思考的时间和空间还给学生

课堂是教学活动展开的主要场所，学生是教学活动的主体，在课堂教学中教师应该适当对学生进行引导，以此激发学生在课堂学习中的主动性与积极性，对于教师而言，教学智慧的运用需要学会适当的“退”，为学生提供大量的自主学习时间与空间，以此促进学生自主学习性的提升，同时学生能够更好地参与学习活动，在教学活动的实践中，教师应该以先学后教作为主要的教学理念，借助调换教学环节的方法，不断加强对课堂教学方式的优化与改善。

1. 从先教到先学

在教学活动中，教师教育心理学的掌握是极为重要的，通过对学生想法的分析能够准确地找到对学生学习活动的激发点，是开展高效教学的基础。但是对学生学习起点的激发是需要通过不断的实践活动的。在教学中，教师对学生教学方式的应用应该充分保持“先学后教”的理念，在教学中对学生的学习进行适当的引导，让学生先行展开学习活动，通过学生在学习中所遇到的重难点对学生的实时学习水平进行了解与掌握，以此作为教学基础在教学中开展针对性的教学指导。

通过大量的教学实践可知，在教学活动的展开中，学生学习行为通过学习目标的驱使并展开一定的自主学习能够得到极好的学习效果，且最终所获得的学习效果远高于被动学习下所得到的教学效果。

2. 从会做到会说

语言是思维能力的主要体现形式，对于学生数学思维的拓展需要通过对其解题能力的训练，虽然解题能力的提高是极为有效的促进方式，但并不是唯一方式。在数学课堂教学中，学生的数学思维拓展需要通过学生数学能力的表达予以提升，即教师对学生进行语言表达的“说题”能力使学生在数学学习中能够有逻辑性的有条理性地将自己对于练习题的分析、思考与结论进行详细且充分的表达。在当前的数学课堂教学中，数学能力的表达需要教师对学生加以引导，以此

作为数学思维发展的基础，对于学生数学表达能力的提出主要分为三阶段：

第一阶段：引导学生在记忆中梳理自己的思路。

教师在数学课堂的教学中，由于数学学科的本身逻辑性较强，因此教学中教师要把控好课堂教学节奏的进行。在反馈时，教师不仅需要重视学生的解题结果，更加需要对学生的解题思路与过程进行重视，并对学生进行适当的引导，刺激学生表达的欲望。如，在教学中，教师可以通过话语适当引导学生的表达。

师：你看到题的时候是怎样想的？

师：把你的解题思路与解题的想法结合一下说给大家听好吗？

第二阶段：引导学生在转述中梳理其他的学习思路。

数学教学中对学生动手能力的要求非常高，但是对学生理解能力的要求同样很高，在数学解题中，学生对教师与其他学生的想法聆听也是极为重要的，数学思维能力的提高不单单依靠个人理解与思考，更是需要通过对其他想法的整理与结合，将其转化为自身的思维能力促进因素，通过对别人想法的转述将其转化为自身的知识理解。

师：我讲得清楚吗？你能再向大家讲一遍吗？

师：你理解了这位同学的想法吗？你能尝试着复述一遍吗？

第三阶段：引导学生在概括中归纳问题的本质。

就教学活动展开中所涉及的心理学与学习论而言，学生在学习中通过理解能力与概括活动的经验将知识内容进行表述的整个过程是反思能力的体现，是智力的主要构成因素，更是学生学习活动高质量的主要体现之一。通过大量的教学实践可知，教师的教与学生的学整个活动的组成属于创造性过程，在整个过程中，活动需要通过思维的发散与收敛之后再到发散，最后再收敛，即整个过程的发展是“发散—收敛—再发散—再收敛”。基于此，在当前的教学活动中，为确保学生数学思维能力的有效提高，以及通过语言表达能力提高思维应该为学生预留一些“私人”时间，使学生有足够的归纳与概括时间，帮助学生在学习活动中达到思考过程与思考结果的有效回顾与反思。

3. 从会说到会问

学贵有疑，数学学习中对学生质疑能力的培养同样十分重要，因此在教学中教师应该适当引导学生将自己的疑问表达，使学生从没有问题发展到有问题。

方式一：自问自答式

为避免学生自身掌握时间过长导致知识退化，教师需要在教学中针对学生的记忆存储展开适当的激发，帮助学生将相关知识体系相串联，形成有条理性、有逻辑化的知识体系，即在学生大脑的知识记忆存储中形成连续的知识链。

方式二：同中求异式

数学知识学习需要避免学生在学习中产生思维定式现象的产生，教师需要对学生进行适当的练习引导，帮助学生从多样化的教学思维展开思考，尝试多种解决方法。

方式三：刨根究底式

学习中，“不懂就问”与“不耻下问”是良好的学习品质。在目前的小学数学教学中，教师需要为学生营造良好的学习氛围，为学生建立和谐平等的学习模式，引导学生敢于向教师提问。

数学学习中知识的掌握与巩固需要通过一定的练习，但是在练习过程中，练什么，怎么练，是教师开展教学活动必须遇到与解决的问题。有一位数学专家曾针对数学教学指出，对于数学教学中知识的难易程度不能独立判断，需要通过系统化的发展眼光去对待，教师应该通过有序列性的学习为学生建立良好的逻辑思维，帮助学生降低学习难度，但并不是降低思维难度。通过实践证明：小学数学的教学与学习并不是通过大量的练习而提升，也不是通过难度较大的练习提升，学生练习题目的设计需要具有科学合理性，确保在数学教学中保持练习适时、难度适度、题目适量的状态。

（二）优化评价，关注过程，让学生在科学评价中走向多元发展

在新课程改革的发展中，小学基础教育的重要内容是对学生评价的改变，在数学课程教学中，对学生教学评价尤为重要。《数学课程标准（修订版）》中关于数学教学中评价的工作提出了新的方式与理念，提出数学教师评价学生的主要目的是为了促进学生对自身数学知识的学习了解以及教师对学生实际学习情况的掌握，以此作为促进学生数学学习和教师改变数学教学方法的主要推动力。因此，在当前的数学教学中，为有效促进学生在教学中的实际发展，教师应该与实际教学目标相结合，根据学生的具体表现建立多元化的评价标准，设立多元化评价方法的评价体系。

1. 评价内容从一维走向多维

《义务教育学课程标准》中针对评价的设立明确指出，在建立过程中不仅要针对学生知识的了解与技能的掌握，更应该关注学生整体的学习状态与学习过程，以及在过程中所表现出的学习态度与学习观念，应该立足于学生的整体发展，以此促进学生成长的健康发展。基于此，江东区中心小学为确保对学生评价的公正性与公平性，制定了多元化的评价思想内容，改变了传统的根据考试成绩“一卷定终身”的评价方法，通过将学习品质和学习能力两方面相结合制定对学生学习的评价标准，由此出台了关于数学学科教学中学生学习情况的评价指标和评价要素，见表6-1。

表 6-1 小学数学学科教学中学生学习情况的评价指标和评价要素

评价指标	评 价 要 素
学习品质	喜欢学习数学，对数学有浓厚的兴趣
	能参与数学活动，会与他人合作、交流
	能独立思考，善于发现问题，提出问题
	有良好的预习、倾听、发言、认真作业和反思问题
	能注重联系生活实际，拓宽自己的思维空间
学习能力	基础知识
	计算能力
	解决问题

学校将此评价指南编入了《幸福之旅》的学生学业成果手册中，确保每一位学生对评价的内容和要求都十分明确。

2. 评价方式从一元走向多元

教学过程中对学生学习的评价是教育评价的主要构成内容。在过去的传统评价方式中，对学生学习的评价标准是通过学生的考试成绩，在一定程度上存在极大的不足之处，为改变与完善其中的不足之处，江东区中心小学的教师在教学中积极针对学生的学习状态与学习成果进行综合整理，试图将评价标准制定得更为多元化、科学化、人性化，确保所得的评价结果能够极为准确。

第三节 英语学科教学实践创新

智慧生成与发展的基础前提是知识的掌握。教师在课堂教学中的目标是帮助学生通过学习活动获得一定的知识从而转化为自身的智慧，但是通过长久以来的教学发现，当教学中对知识输入的愈加重视就会离智慧的生成愈加远。而在当前的小学英语教学中，这种现象尤其明显，教师对学生英语知识与英语能力的掌握十分重视，但是最终学生英语学习的结果与知识的掌握不甚理想。因此，为有效促进学生英语知识的获取从而转化为有效的智慧，教师在课堂教学中应该改变以往的教学思维，从学生的实际学习需求出发，根据学生在课堂中所表现的学习规律作为设计教学过程的依据，通过高效率教学方式有目的的减少学生的学习负担，使课堂教学成为有智慧的学习过程，是现阶段英语课堂教学中确保学生英语知识获取的重要内容。

一、小学英语教学现状

在当前小学英语课堂教学中，为了激发学生在课堂学习中的积极性，使课堂更具活泼生动的学习氛围，教师在课件制作以及精美教具等多种教学辅助用具的准备中消耗了大量的时间；为了使学生在学习中感受到创新的教学设计，将英语学科与其他学科的不同充分展现，教师将大量的思维与精力消耗在如何将知识点串联，但是在教学中将简单的教学知识复杂化，反而使得学生的学习效率更低。

学生在英语课堂中的学习状态长期处于此种状态下会加速学生学习热情的消耗，使学生主动思考的积极性逐渐减退，在英语学习中需要通过中文转化，对英语的表达则需要不断的联系，但是对英语文章与段落的理解能力逐渐减弱，在英语学习中的思维能力不断降低，导致学习负担与学习状态逐渐成为学生不想学习的理由。

因此，怎样在有限的课堂教学中加强对学生英语思维能力的培养，促进血神对英语学习策略的掌握，以此调动学生英语学习的积极性，帮助学生更好的更加轻松的获取英语知识是当前英语教学中，减轻学生英语学习负担的重要方式。

二、"单元导学"：英语学科探索深入教学是减轻学业负担的重要途径

经过长期教学实践可知，在学生的学习中，对学生认知规律的认知与顺从是极为重要的。通过"整篇"语言教学理念的使用，在"单元导学"教学模式的应用中帮助教师为学生呈现整体语言体系，以及整体语言的输入，使学生在建立知识条理框架的过程中，将外在的语言转化为自身的语言，以此作为提高英语思维能力的重要方式。

所谓是单元导学，是指教学中教师对学生进行一定的课外预习引导，课堂内教师则需要将整个单元知识进行综合整理帮助学生梳理与归纳整个单元的知识点并构建相对应的知识框架，帮助学生充分认知与了解之后再进行课程单独学习。但在本文中所涉及的单元导学不仅是指对英语教材中整个单元的导学，更是对教材中单个课程的导学。但无论是单个课程的导学还是整个单元的导学都需要将英语整片教学理念作为整体教学的基础。在教学过程中，教师的教学模式应该符合整体—局部—整体的教学规律，即在教学知识的导入阶段，教师需要通过英语教材知识的整篇编写将一节课的知识内容相融合，为学生展示整体知识，之后在整体的语言教学中，通过局部教学的针对展开加强对教学重难点的攻克，最后再回到英语整体的教学，使学生在整体的教学中能够加强对所学知识的巩固。

通过长期的教学实践发现，"单元导学"教学模式在所有的英语单元教学中都十分适用，与所有的英语课型教学相结合都能够确保教学知识的有效性。因此，在具体的英语教学中，教学活动主要可以根据以下方法展开。

在当前我国的小学英语教学中，义务教育对教材的统一规定与编写使得大多小学英语教材所使用的是《pep 小学英语》，且在该教材的使用中，教材内每一个单元的开篇都会有其相应的主情景图，该情境图的设计主要是根据头脑风暴为主、用所有的相关歌曲歌谣与学习情境将该单元内所要掌握的重点词汇与重点句型涵盖其中。通过单元前篇的主情景图作为对学生本单元学习思维的启蒙，能够帮助学生在学习具体知识点之前对整体的单元内容有一个大概的掌握，由此可知在教学中对主情景图学习的重要性。但在实际教学中，教师对这一页的教学重点难以掌控，虽然是重点，但是难以有效展开。

为有效改变这一学习情况，教师可以有效与单元导学课相联系，将语篇创编与单元知识相融合，之后通过语篇将单元的相关知识点充分展现，能够有效帮助学生理解与掌握，且能够在自身学习中建立相关的知识框架。在教学中，通过长期的教学实践，教师根据长久以来积累的教学经验总结了导学五步法，不仅能够知道学生怎样有效进行英语自主学习，更能够帮助学生在学习中感受到英语的思维性与意义性。

以下是对导学五步法的主要阐述，通过以小学英语三年级上册教材中的第 5 单元 let's eat 为例展开深入的学习。

（一）导学第一步——学生预学

英语作为陌生的语种，在教学中教师最担心的是出现学生学不会，学不深的情况，因此为确保学生学会知识总是帮助学生一步一步的学习。其实在所有学科的学习中有阻碍学生自学自懂的“结”，这个“结”使学生打开学习思路的关键，但在教学中这个“结”的打开方法众多，在以往的教学中大多是通过教师直接向学生展示，之后学生学习。但是在单元导学中教师的主要运用目的是帮助学生自主解开这个“结”，帮助学生采取较为直接的引导法，因此对于单元导学单的编写需要提出学生需要解决的问题，通过对学生采取引导教学，帮助学生启发学习思维是首要条件。

通过将单元中所涵盖的知识进行汇总与整合所得的就是单元导学单，在教学中单元导学单是具有多元化形式的知识预习单。学生在课堂开始之前通过教师的引导加强自身对整个单元知识的掌握与梳理。在此基础上，学生知识的学习能够更加清晰明了，更加能够帮助教师掌握学生的学习状况。

（二）导学第二步——语篇呈现，整体感悟

在这一教学阶段，教师将英语知识向学生的传递需要通过一定的多样化形式与肢体语言的结合，最终在教学中能够帮助学生掌握更深的知识内容，有利于学生对整体单元知识的掌握。由于在当前的教学中将单元知识与整体的语篇知识结

合的材料比较稀缺，因此这种形式的教学资料需要通过教师经验总结组合。

（三）导学第三步——知识引出

当教师所编写的语篇呈现之后，可以采取向学生提问的方式加强学生对语篇材料的分析与掌握，以此引发相关单元知识，在这一阶段的教学中，教师需要帮助对教材知识核心的掌握，通过对学生进行语言输出的引导，为其他学生树立学习典范。如，当呈现出语篇之后，教师可以通过使用本单元的核心句型“I like …”“let's…”等，对语篇中的核心意思即兴提问，之后引导出学生日常喜欢的食物在英语中的表达方式。

（四）导学第四步——归纳梳理

对知识点的梳理与归纳是极为重要的。在此过程中，教师对单元知识点的梳理与归纳应该与学生的导学单相结合。这样不仅能够帮助学生反馈预习作业的学习效果，更能够加强对学生英语学习方法的培养，以及良好学习习惯的树立。

（五）导学第五步——讨论解决

教师在设计导学单中专门根据学生的学习设置了学生提问一栏，学生通过提出问题不仅能够加强学生质疑能力，更加有利于学生自我反省与总结能力的培养。根据学生在课堂教学中所提出的问题，教师需要予以极度的重视，将其收纳到备课教案中，以便于教学活动更具针对性，使教学活动更加符合学生的学习需求。

第四节　科学学科教学实践创新

一、意外所产生的课堂状况

在小学科学课堂教学中，教师的教学设计与最终的课堂生成之间总会有一定的出入。由于科学实验存在不确定性，则生成大多是通过预想所得，有些生成结果是预料之中，则会有一定的生成结果是在教师的意料之外。在教学中由于一定的原因导致教学实验生成的结果在预想之外的被称为“意外”。在科学教学课堂中，每一位教师都遇到过教学意外，而当教师遇到这些意外情况的时候，对意外的处理是教师教学智慧的重要体现。因此，在小学科学课堂教学中，教师教学智慧的体现需要不断的研究。

（一）课堂冷场

在小学科学课堂教学中，即使教师在课前准备得十分充分，从科学概念的学习、学习的过程与方法以及学习中所产生的情感态度价值观三方面入手作为教学环节的设计依据，但是在实际的教学实施过程中，总会遇到一些无法预料的场景。例如，在教学中教师提问但是没有学生回答，教师的教学导入方法没有激发学生的学习兴趣，教师在教学中所制定的教学实验过于无趣等多种情况都是极有可能产生的。

（二）画龙不点睛

在教学过程中，教师总是希望每一节课都能向学生传递一些知识，能够使学生在学习中得到一定的提高，而科学课堂教学中，科学概念的学习是学生最基本的发展与提高的基础，是对课本中关于科学知识的基础掌握，当深入之后，就是在知识基础概念的理解上掌握科学方法，以此作为促进学生科学思维与科学素养的主要培养基础，加强学生对科学学科的热爱。在有教师听课的状态下，该课程教师总是希望能够通过课堂最后的回顾与总结的环节向所有听课的教师展现学生整堂课的知识掌握，但是在这种状态下，总会出现一些无法预料的问题，比如，在科学探究课堂中，教师与学生在整堂课中的互动效果十分好，但是在最后的提问总结环节中，学生连基本的概念都没有掌握，通过教学环节的回顾，发现学生只知道怎样操作实验，但是操作实验的目的以及实验的结果等内容一无所知。实际上，这种课堂教学成果是失败的。

（三）实验结果与生活现象矛盾

科学课的教学核心是探究，探究活动的展开需要通过实验体现，因此在小学科学课堂教学中存在各种各样的实验。当教师与学生一同设计了实验方案之后会进行共同的操作实验，但是可能会遇到以下多种情况，比如实际的实验结果与科学理论不相符，实际所得的实验结果无法解释生活现象，以及多次实验所产生的实验结果不相同等，多种矛盾的产生是课堂教学活动难以展开。

通过以上多种问题的出现可知，在小学科学教学中，教师应该根据课堂教学对整体的教学活动展开反思，回顾，思考为什么会出现以上情况，为什么课堂中会出现多种问题，以及多种问题的出现应该怎样解决。

二、避免无效意外的几种策略

（一）处处留心，了解学情——学情匹配

在江东区中心小学的科学教研组中，针对小学科学课堂中所出现的多种问题，有学校教师指出，备课的主要目的是对学生的准备。课堂教学出现冷场情况主要是因为教师对学生的学习情况不了解所导致的，简言之，教师设计的教学方案与学生的学习情况不匹配。学生的学情主要包括：学生在学习中的特点，学生

学习方法，学习习惯以及对学科学习兴趣以及学生自身的成长背景等。多种组成因素的不同会造成学生之间存在一定的差异。通常而言，教师对自己所管理与教育的学生情况是比较了解的，课堂教学中冷场情况的产生主要会出现在代教或借班上课。因此，课堂教学中教学问题的出现可以从以下方面展开有效解决。

1. 课前了解法

在开始上课之前，教师一般会提前几分钟到达所要上课的班级。因此，教师可以利用这几分钟与学生就教学内容展开相关的话题讨论。例如，“同学们知道传播是什么吗?”在此过程中教师可以让学生尽情发表自己的意见，将自己对“传播”的理解充分表述，如果学生回答的是不理解这个词语，这时教师可顺势开展相关的课堂教学为学生答疑解惑，但在科学课教学活动中，为学生解释概念性的知识最好可以通过动手操作的方式进行解释，能够帮助教师减少教学中的障碍。

2. 课中了解法

由于在小学教学中科学课程的课时安排并不紧密，教学课程时间相隔有一定的距离，则教师在课堂教学活动中不仅需要学习新的知识，还要复习之前的相关知识，这种情况下会导致课堂时间紧张，且学生与教师在课堂开始之前所做的教学准备不足，这种时候就是对教师教学智慧的考验。这种情况下所出现的冷场是因为教学预期设计比学生的实际认知水平要高，因此教师应该及时对问题进行适当的更改，及时设置一些与问题相关的难度较小的问题帮助教师充分了解学生实时学习情况，以此为基础逐渐引导学生的认知发展能够达到教师提问的水平。

(二) 教学设计紧绕三维——教案匹配

小学科学作为技术性与操作性较强的学科，在教学中课堂目标的设置是极为重要的，当教学目标确立之后，则本节课的所有教学活动的开展都需要与教学目标相联系。教师使用的所有教学材料，发出的教学语言，做出的每一个教学行为都是教学目标的体现，教学目标在课堂中需要成为教学过程的整个灵魂，对教师与学生的整个过程展开明确的指导。因此，在教学过程中，教师需要根据教材内容、学生的学情以及实际教学条件制定好每节课中的教学目标，且教学目标的制定必须切合实际，具有详细性与可操作性。做好是能够与“三维目标”相符合，当教学目标与“三维目标”制定要求相符合时则能够实现教学目标的有效性，而教学目标有效性的实现必须确保教师设计的教学方案与三维目标相匹配。

在宁波市的小学科学教学交流会中有这样一个场景的出现：在三年级的科学教学中，针对《神奇的水》一课，教师在教学中通过具体的实验帮助学生充分掌握该课程内容。在该课堂教学最后的总结环节，教师为学生展示了树叶、牛奶以及一瓶氧气。之后教师让学生根据物体形态对以上三种物体根据固体、液体、气体进行分类。为确保教师与学生的配合默契，帮助学生掌握物质的分类，教师在教学中应该对学生进行适当的引导。如，当学生能够辨别出牛奶是液体的时候，教师应该向学生提问：为什么你觉得牛奶是液体呢？学生：因为牛奶和水一样没有形状，而且和水一样是凉凉的。教师：对的，所有像水一样，凉凉的、会流动的，而且没有具体形状的就是液体。由此可见，学生在学习中具有极大的观察力，教师为促进学生的学习积极性应该在一定程度上对学生进行适当的引导，使学生在课堂学习中能够根据教师的设想进行。显而易见，在实际的教学活动中，教学活动需要与教学方案的设计所进行，在教学过程中需要确保教学目标的明确，教学活动的组织与设计需要时刻与教学中心相符合以此保证整体课堂的顺利进行，同时，在日常教学中教师需要注重对自身科学素养的提高，在教学中所使用的表达语言要确保其规范性与科学性。

在教学中，教学活动与教学设计相匹配，需要从以下两方面展开：

(1) 教学大框架相匹配。教学活动的展开需要确保教学环节展开目的的确定。尤其是在实践活动中要确保教学活动是从对实验现象的观察开始，到学生根据现象提出问题，之后教师根据实验现象设计实验过程，通过实验结果对问题进行求证，之后得出实验结论并将实验结果与实际生活相联系。在整个过程中要确保思维的承前启后，确保环环相扣。

(2) 教学小环节相匹配。确保过程中设计的环节都有其自身的意义，或是为了对科学概念的理解奠定基础，或者是为了与教学过程和教学方法需求相符合等，无论是出于哪种目的，小环节的设计都要具备一定的意义性，使其能够兼顾两维至三维目标。例如，教师教学中的每一个问题都需要与三维相符合，问题的低段提问应该适当增加且涵盖内容要具体，而高段的提问应该涵盖范围较广。改变教学中的判断性提问，如“好不好？是不是？对不对？”，而是应该提问知识性问题，如“是什么？用什么？”的问题，或者是思维性问题，如“为什么？为什么会这样？”的问题，确保教师所设计的教学活动中的每一个环节都与三维目标紧密相连。

(三) 教材生活，有心相连——生活匹配

教师的教学质量主要体现在对教材的使用，科学学习课是与生活相联系的科目，在科学课中所掌握的知识与科学概念应该是可以对生活现象进行解释的，但是教学中一些意外的发生会导致教材教学与生活不匹配。比如在《土壤中有什么》学习中，通过实验所做出来的结果与现实生活现象不相同。

实验结果：沉积过程中颗粒较重的会先沉下去，而颗粒较轻的则会沉积在重的颗粒之上。

而现实生活中的现象是：花坛土壤中总是较重较大的颗粒在上面，而细的轻

的颗粒在下面。

这种情况的产生可能会导致教师与学生都出现迷茫的状态，可能会怀疑是实验结果有问题，但是课本中应该不会有较大的错误出现。如果不是实验结果出现错误，那为什么与生活中的现象不相符？基于此，教师应该针对课本中的实验与实际生活中的现象相结合进行思考。

通过多次的实验总结可以发现，并非是课堂实验结论无法解释生活现象，而是因为课堂实验中知识根据水流静止后土壤的沉积活动展开实验模拟，并没有针对水流对土壤的冲击展开过程模拟，因此最终出现的实验结果与生活现象不相符。为帮助学生解决问题，教师应该在之后的课堂中再次进行实验，通过多次的实验为学生解答的疑惑，整个过程总会更加激发学生对科学探究的积极性与学习兴趣。

通过这一课程的学习可以发现，教师在教学中不应该将自身思维与学生的思维全部禁锢于书本之内，应该充分与实际生活相联系，积极提出质疑，教师同样应该积极思考发散教学思维，以此带动学生思维的拓展与提升。

参考文献

[1] 邢建和．综合性大学小学教育专业课程设置研究［D］．扬州：扬州大学，2017.
[2] 丁新．小学教育专业教育实践课程质量管理研究［D］．呼和浩特：内蒙古师范大学，2017.
[3] 吴霞．专家型教师视野下小学教育专业硕士教育实践的现状研究［D］．重庆：重庆师范大学，2017.
[4] 王硕．我国小学体育教师职前教育培养方案研究［D］．石家庄：河北师范大学，2017.
[5] 詹梦．陈鹤琴小学教育思想对当前小学英语教学的启示［D］．贵阳：贵州师范大学，2017.
[6] 张媛媛．中国近代实验小学发展史研究［D］．保定：河北大学，2017.
[7] 王莉，郑国珍．全科教师培养背景下小学教育专业实践教学的价值及其优化［J］．安徽广播电视大学学报，2017（1）：81~86.
[8] 周晖．高师院校小学教育全科专业师范生教育实践能力培养的行动研究［D］．西宁：青海师范大学，2017.
[9] 何雪玲．全程实践：小学教育专业实践课程建设的构想与实践［J］．高教论坛，2014（3）：78~81.
[10] 兰惠敏．中外小学教育本科专业课程设置的比较与启示［J］．外国中小学教育，2014（2）：47~51.
[11] 曾鸣．小学教育专业教育实践课程探析［J］．宁波大学学报（教育科学版），2013，35（6）：73~76.
[12] 陈威．“实践取向”小学教育专业课程设置研究［D］．长春：东北师范大学，2013.
[13] 程秀兰．基于实证视角的幼儿教育本质特征研究［D］．西安：陕西师范大学，2013.
[14] 顾国兵．小学教育专业课程设置的主要困境与破解方略［J］．江苏教育研究，2013（1）：49~53.
[15] 梁晓俐，王晓凤．构建人才培养模式服务农村基础教育——地方高师院校小学教育专业服务农村基础教育的探索与实践［J］．辽东学院学报（自然科学版），2012，19（4）：289~294.
[16] 徐雁．构建新型小学教育专业本科实践教学体系——以培养全科型本科小学教师为例［J］．鞍山师范学院学报，2012，14（5）：76~78.
[17] 吕立杰．小学教育专业实践课程规划与实施探讨［J］．东北师大学报（哲学社会科学版），2012（4）：190~193.
[18] 蔡志凌．高校小学教育专业实践教学改革探索［J］．教育研究，2011，32（12）：99~102.
[19] 赵建梅．小学教育专业综合性特点的理论剖析［J］．首都师范大学学报（社会科学版），2011（2）：46~50.
[20] 宗树兴．1986年《中华人民共和国义务教育法》立法和实施研究［D］．保定：河北大学，2010.
[21] 蒋璐敏，谢广田．高师小学教育专业教育实践的创新研究［J］．沙洋师范高等专科学校

学报，2009，10（3）：9~12.
[22] 靳玉乐，朱德全，范蔚，等．小学教育专业（本科）“延伸课堂”的实践探索［J］．高等教育研究，2009，30（3）：74~81.
[23] 关文信，李伟诗．小学教育专业教育实践课程模式研究与构建［J］．沈阳师范大学学报（社会科学版），2008（4）：9~12.
[24] 王大顺．高等师范小学教育专业建设的理论与实践［J］．甘肃高师学报，2006（3）：73~76.
[25] 于兴国．转型期中国教师教育政策研究［D］．长春：东北师范大学，2010.